Großes Aikido-Fachwort-Lexikon von A-Z

Idee und Zusammenstellung: Herbert Velte
Unter fachlicher Beratung und Mitarbeit von Rolf Brand, 7. Dan-Aikido
(Präsident und Bundestrainer des Deutschen Aikido-Bundes e. V.)

Mehr als 1100 japanische Aikido-Begriffe von A-Z, mit ausführlichen deutschen Erklärungen, mit vielen Abbildungen und mit den Prüfungsbestimmungen für Kyu- und Dan-Grade im Deutschen Aikido-Bund.
Eine Enzyklopädie, ein unerschöpfliches Nachschlagewerk; eine Fundgrube des Aikido-Wissens der heutigen Zeit.

Impressum

Großes Aikido Fachwort-Lexikon

Herausgeber: Schramm Sport GmbH
Unterfeldring 3, 85256 Vierkirchen
Telefon 0 81 39 / 8 83 11, Fax 08139 / 88 701
Idee, Zusammenstellung und Nomenklatur: Herbert Velte.
Fachtechnische Beratung, Mitarbeit und Kontrolle: Rolf Brand, 7. Dan-Aikido, Präsident des Deutschen Aikido-Bundes e.V.
Zeichnungen: Ivan Antonietti, Stewart Teasdale, Peter Raab und Frantz Priking.
Fotos: Rolf Brand und Privatarchiv des Autors.
Umschlaggestaltung, Satz und Lithografie: PR-Grafik GmbH, 61191 Rosbach v. d. H.

Druck: Druckerei Henrici, 61267 Neu-Anspach.

2. Auflage: Januar 2000
3. Auflage: November 2005
ISBN 3-00-005505-3

Kontaktadresse: Herbert Velte, herbert@velte-online.de

Inhaltsverzeichnis

Vorwort zum Aikido-Fachwort-Lexikon

Für die meisten Ausübenden ist das von 0 Sensei Morihei Ueshiba geschaffene Aikido mehr als ein körperlicher Vollzug von Techniken zur Verteidigung gegen unbewaffnete und bewaffnete Angreifer, nämlich ein Weg zur Harmonisierung von Ki, Seele, Geist und Körper.

Über das ernsthafte und beharrliche Studium des Aikido möchten diese Ausübenden ein besonderes Gefühl für "Gleichgewicht" als einer wesentlichen Voraussetzung der "inneren Harmonie" entwickeln, die sie dann in allen Lebensbereichen auf andere Menschen und die Umwelt übertragen können. Gelingt dies, verhelfen die Ausübenden dem Aikido zu seiner wahren Bedeutung und Wirkung als einem System zur positiven Veränderung der Welt.

Der bemühte Aikidoka erkennt aber auch, daß sich scheinbare Gegensätze auf einer höheren Erkenntnis-Ebene in Form der Synthese auflösen. Bei diszipliniertem "Ego" wird er zur emotionslosen Selbstreflexion und sensibleren Reaktion befähigt. Er kann seine Kräfte optimaler einsetzen, bewirkt positive Veränderungen und gewinnt ein immer höheres Maß an innerer und äußerer Freiheit. Selbstverwirklichung ist ihm ohne Eingriff in die Freiräume und Rechte anderer Menschen möglich.

In den Dojo gilt: "Aikido darf nicht mit dem Mund gepredigt, sondern muß in harter körperlicher Arbeit begriffen werden!". Am "Ort zum Studium des Weges" ist folglich auch kaum Zeit für Worte. Viele Fragen ernsthaft suchender Aikidoka bleiben unbeantwortet.

Es ist daher sehr zu begrüßen, daß der Sport-Buch-Verlag H. Velte nun ein Aikido-Fachwort-Lexikon herausgegeben hat, das allen Interessenten umfassende Informationen über Aikido und die damit im Zusammenhang stehenden Bereiche bietet.

Beim Studium des Aikido-Fachwort-Lexikons wird auch deutlich, daß die zur Abgrenzung manchmal betonten "Unterschiede" der Aikido-Systeme und -Stilrichtungen meist ein Streit um Worte sind. Derartige Bemühungen gehen am wesentlichen, nämlich den Zielen des Aikido vorbei; sie sind folglich nicht nur sinnlos, sondern verletzen auch erklärte Prinzipien dieses friedvollen Weges.

Ich würde es sehr begrüßen, wenn das Aikido-Fachwort-Lexikon dazu beitragen könnte, trennende Schranken zu beseitigen, damit die Verbreitung des wertvollen Aikido von allen Ausübenden gemeinsam gefördert wird - zum Nutzen vieler Menschen.

Das erhoffen sich mit mir bestimmt viele Aikidoka. Dem Aikido-Fachwort-Lexikon ist daher eine weite Verbreitung zu wünschen.

Lübeck, im Januar 1994

Rolf Brand
Präsident des DAB

Einleitung

In allen asiatischen Kampfsportarten ist die Landessprache gleichzeitig auch die Fachsprache der Kampfkunst. Auch im Aikido ist Japanisch die Sprache, in der alle Begriffe und Techniken erklärt und ausgesprochen werden. Das hat den Vorteil, daß sich die Anhänger dieses »Weges zur Harmonisierung der geistigen Kraft« auf der ganzen Welt (z. B. bei Lehrgängen und Prüfungen) ohne Probleme untereinander verständigen können.

Noch leichter fällt es dem Aikidoka, wenn er ein Fachwort-Lexikon zur Hand hat, in dem er nahezu die gesamte Aikido-Terminologie (Fachsprache) übersichtlich von A-Z geordnet und mit ausführlichen deutschen Erklärungen versehen, vorfindet und sofort das gesuchte Wort nachschlagen kann.

Dazu gehören die Fachbezeichnungen des Schwertweges und der Stock-Kampfkunst (Kendo und Bo-Jutsu) ebenso, wie die aus den Bereichen der Aikido-Historie, der -Etikette, der -Personalien und der -Philosophie.

Diese enzyklopädische Zusammenstellung ist jedoch kein Lehrbuch über Aikido-Techniken. Sie ist vielmehr eine Fundgrube des Aikido-Wissens der heutigen Zeit und eine Dokumentation, nicht nur für Anfänger und Meister, sondern auch der Lehrer und die Aikido-Jugend finden in diesem Buch viel Wissenswertes.

Ganz besonders bedanken wir uns hiermit bei Herrn Rolf Brand, dem Präsidenten und Bundestrainer des Deutschen Aikido-Bundes e. V. (DAB), für seine fachtechnische Beratung, für sein Vorwort zu diesem Fachbuch sowie für die Überlassung der Prüfungsbestimmungen für Kyu- und Dan-Grade des DAB.

Verbesserungen und Ergänzungen aus dem Leserkreis werden gerne und dankbar entgegengenommen und bei Neuauflage dieses Lexikons berücksichtigt.

Im Januar 1994 — Der Herausgeber

»Im Sport gibt es das Element der Zeit, in den Kampfkünsten gibt es nur den Augenblick.
Es gibt keine Wartezeit...
Sieg oder Nicht-Sieg,
Leben oder Nicht-Leben.
Das entscheidet sich in einem Augenblick.
In ihm entscheidet sich Leben und Tod ganz und gar.«

Zen-Meister Taisen Deshimaru, Roshi

Was ist Aikido ?

Es ist unmöglich, Bedeutung und Umfang des Aikido mit Worten zu erklären. Da jedoch gerade die jungen Ausübenden eine Zielvorstellung haben sollten, sei eine kurze Interpretation der wesentlichen Grundlagen, nämlich »Ai«, »Ki« und »Do« versucht.

Aikido ist eine auf wirksamen Selbstverteidigungstechniken basierende und dynamische Form der Meditation zur positiven Entwicklung aller körperlichen und geistig-seelischen Kräfte. Ohne Zweifel sammelt jeder Mensch im Verlaufe seines Lebens viele Erfahrungen, die je nach Wertigkeit und Erlebnistiefe bewußt oder unbewußt zu Maximen seines künftigen Handelns erhoben werden.

Es ist ferner unbestritten, daß zwischen Körper und Geist wesentliche Abhängigkeiten bestehen, deren Erforschung zu allen Zeiten das Ziel profilierter Denker war. Durch Ausübung des Aikido werden natürliche und wichtige Gesetzmäßigkeiten sowie Erkenntnisse in „kodierter körperlicher Sprache" vermittelt. Dies hat den Vorteil, daß sie so allen Menschen zugänglich sind und nicht einer geistigen Elite vorbehalten bleiben, was ihre Ausstrahlung und Wirkung begrenzen würde.

Bei ausdauerndem Studium unter Anleitung eines guten Lehrers werden die tiefen geistigen und philosophischen Inhalte des Aikido sicherer Besitz des Unterbewußtseins. Sie prägen die »innere Haltung und Einstellung« des Ausübenden und wirken fortan auf alle Bereiche seines Lebens. Dabei ist das vordergründige, ego-orientierte und damit manchmal hemmende Bewußtsein ausgeschaltet. Dieser Aikidoka ist auch in der schwierigsten Situation des Lebens frei. Er vermag die mit dem Menschsein verbundenen Aufgaben und Probleme effektiv zu bewältigen, was die optimale Anwendung aller geistigen und körperlichen Kräfte voraussetzt. Jene auf innerer Stabilität basierende, ständig wirkende und in der starken Persönlichkeit zum Ausdruck kommende geistige Kraft wird »Ki« genannt. Der Gewinn an »innerer Substanz« ist höher zu bewerten, als die von manchem Aikidoka vordergründig angestrebte Optimierung von Selbstverteidigungstechniken, denn wer Ki bestitzt, kann die unbeherrschte Kraft des agressiven Partners schon im Vorfeld der geistigen und körperlichen Berührung lenken. Die ständige Schulung läßt ihn intuitiv Konfliktsituationen im Ansatz erkennen und abwenden, die bei ihrer vollen Entfaltung nur mit großem Aufwand bewältigt werden könnten. Ist dies nicht eines der wesentlichen Geheimnisse erfolgreicher Lebensführung?

Alle Techniken des Aikido sind von praktizierter Menschlichkeit durchdrungen und basieren auf den Gesetzen der natürlichen Harmonie, was die doppelte Bedeutung der japanischen Silbe »Ai« ausmacht. Sie dienen nur zur Umlenkung und nicht zur Vernichtung der wirkenden Kräfte bzw. ihres Initiators. Die ursprünglich gegensätzlichen Aktionen von Uke und Nage verschmelzen bei allen Techniken zur sich ergänzenden Einheit. In keiner Phase der Auseinandersetzung gibt es Angriff oder Verteidigung, sondern nur die sichtbare Demonstration eines übergeordneten Prinzips, das des Aikido. Der Angreifer gibt seinen bösartigen Willen und seine niederen Absichten als Folge einer höheren Einsicht oft schon vor der Realisierung auf. Durch die Ausübung des »harmonischen Weges« werden daher die Evolution des Einzelnen und die friedliche Koexistenz aller Menschen gleichermaßen gefördert. Was in vielen Bereichen menschlicher Aktivitäten im kräfteverzehrenden Gegensatz beginnt, findet sich in der förderlichen Gemeinsamkeit vollendet.

Selbstverständlich ist Aikido auch eine vielseitige und vollkommene Methode der körperlichen Schulung, die alle Forderungen nach Beidseitigkeit und Ganzkörperarbeit erfüllt. Die Genialität und der Verdienst des Aikidobegründers O Sensei Morihei Ueshiba sind primär aber nicht in der Schaffung einer bewundernswerten und wirksamen Form der waffenlosen Selbstverteidigung zu suchen, sondern darin, daß er den Menschen hohe moralische und ethische Prinzipien über den körperlichen Weg (Do) des »Aiki« zugänglich gemacht hat.

Seine menschliche Größe und charakterliche Stärke wirkt durch Aikido heute und zukünftig in den Herzen der guten Schüler. Sie ist dadurch zu einer über den Tod des Aikido-Begründers hinaus wirkenden und sich ständig erneuernden Kraft geworden.

Schlüssel zum Erfolg ist allein die konzentrierte, ausdauernde und von äußeren Einflüssen freigestellte Übung. Glücklich kann jeder Aikidoka sein, der auf seinem »Weg« durch einen guten und selbstlosen Lehrer unterstützt wird. Seinen Dank sollte er durch Eifer und Respekt abstatten.

Ich hoffe und wünsche, daß dieses in guter Absicht erstellte Fachwort-Lexikon der Verbreitung einer wertvollen Methode der Selbstfindung dient und jedem Leser nützlich sein kann.

Rolf Brand, 6. Dan-Aikido

Die Botschaft des O Sensei Morihei Ueshiba

Von André Nocquet, 8. Dan-Aikido
(Bearbeitet durch Rolf Brand, 6. Dan-Aikido)

O Sensei Morihei Ueshiba
Begründer des Aikido
geboren am 14.12.1883
gestorben am 26.04.1969
(Bild: Frantz Priking, 3. Dan-Aikido)

Es ist an einem sonnigen Dezembernachmittag des Jahres 1957, als ich Japan verlasse.

Zahlreiche Freunde begleiteten mich zum Hafen von Yokohama, wo ich mich mit dem Ziele San-Francisco einschiffte, das über Hawai erreicht werden sollte.

Die Stunde der Trennung von liebgewonnenen Menschen lastete schwer auf meinem Herzen, woran auch ihre aufmunternden Worte nichts zu ändern vermochten.

Im Augenblick des Aufbruches zog mich mein verehrter Lehrer, O Sensei Morihei Ueshiba, plötzlich zur Seite und sagte ernst:

"Es ist ein großes Geschenk, wenn man die Heimat bald wiedersieht. Übermitteln Sie nach Ihrer Rückkehr allen Menschen meine Botschaft von Frieden und Glück.

Ich lehre einen Weg der Gewaltlosigkeit. Im Aikido gibt es keinen Gegensatz körperlicher Kräfte, von denen die stärkere und aggressivere wie selbstverständlich über die schwächere und friedliebende triumphiert; wir finden vielmehr eine sich vertiefende Verbindung gegensätzlicher Geisteshaltungen, von denen die humanere überlegen ist.

Dieses Prinzip der Selbstverteidigung zwischen Einzelwesen läßt sich auch auf Völker übertragen, die in gefährlicher Opposition zueinander stehen.

In unserer Welt bekämpfen sich auch gegenwärtig große Mächte in allen Bereichen der menschlichen Aktivitäten. Als Produkt scharfsinniger Forschungen auf technischem Gebiet werden täglich neue mörderische Waffen geschaffen, die Unglück und Verzweiflung auf jeden Teil der Erdkugel tragen können. Beträchtliche Mittel werden verschlungen, um den Völkern die erstrebte Sicherheit zu gewähren.

Vergessen Sie nicht die in einem Theaterstück Ihres Landes aufgezeigte Moral. In dem Streben nach Macht über andere Menschen schuf der Mediziner ein Monster. Zu seinem und vieler Menschen Unglück gelang es ihm nicht, das Produkt seines Geistes zu meistern. Er hatte nicht an die unvermeidlichen Folgen seines aus niederen Motiven entstandenen Werkes gedacht. So mußten sich Schrecken und Tod zwangsläufig gegen ihn selbst richten.

Hier zwingt sich ein Vergleich auf. Wie viele schöpferische Kräfte werden von den Menschen aufgewendet, um die Grenzen des Faßbaren übersteigende Massenvernichtungsmittel zu schaffen? Wie hilflos sind diese Menschen gleichzeitig in ihrem Bemühen, deren Auswirkungen zu kontrollieren!

Was würde in einem Weltkonflikt geschehen? Jeder Mensch ist bedroht und es kann weder Sieger noch Besiegte geben! Das eigentliche Problem der Auseinandersetzung wird nicht darin bestehen, wie man seinen Gegner unterwerfen kann; es gilt vielmehr, Möglichkeiten für das eigene Überleben zu finden! Jeder Mensch, der diese Feststellung in ihrer ganzen Tragweite erkennt, wird auf die bedingungslose

Vernichtung seines Gegners verzichten und vielmehr versuchen, ihn so zu lenken, daß er seine aggressive Gesinnung als Folge einer höherer Einsicht aufgibt.

Wie Sie wissen, ist der Mensch in zwei Bereichen verwurzelt: zunächst im irdischen, weil er ein Teil der Natur ist und ihren ewigen Gesetzen unterliegt. Von seinem Schöpfer im Himmel wurden ihm aber auch Seele und Geist geschenkt. Gerade diese Eigenschaften unterscheiden ihn vom Tier und sie allein können allen Menschen den Sieg des Friedens bringen, der als Zustand höchster Glückseligkeit bisher immer vergeblich gesucht wurde."

Mein alter Lehrer schweigt! In diesem Augenblick begreife ich, daß seine Botschaft der Wahrheit, die er mir anvertrauen wollte, nicht durch Worte ausgedrückt werden kann. In den sich anschließenden Minuten verschmolzen unsere Seelen, und ich erahnte die Bedeutung einer mir in jahrelanger körperlicher Übung vermittelten Idee, deren klarer Sinn vielen Menschen bisher verborgen geblieben war.

Ich umarmte meinen Lehrer, wobei alle Anwesenden "Banzai" riefen, was "Viel Glück" bedeutet. Aber der Meister kannte das Geheimnis der Unbeständigkeit der Menschen und ihre Sehnsucht nach dem Glück, das sie doch selbst herbeiführen könnten. So flüsterte er mir zu: "Shikata Ganai" - da kann man nichts machen."

Drei Jahre hatte ich das unschätzbare Vorrecht, unter der persönlichen Anleitung des Aikido-Begründers, O Sensei Morihei Ueshiba, zu leben und konnte während dieser Zeit fern aller störenden Einflüsse meine Studien betreiben. Es ist für mich seit dieser Zeit eine freudig übernommene Pflicht und ein wohltuender innerer Zwang, die an der Quelle empfangene Lehre des Aikido zu verbreiten.

Der Geist dieses Budo ist friedlich und hat die Vergangenheit sowie das Leben der Japaner sehr beeinflußt. Zahlreiche Interpreten haben versucht, das Aikido mit anderen Budo-Disziplinen zu vergleichen, etwa mit dem Judo, das inzwischen zu einer in der ganzen Welt verbreiteten Sportart wurde. Sie vergessen dabei oft, daß Aikido ein über die körperliche Übung sichtbar gemachter moralischer Weg ist, der das geistige Leben in Japan seit mehr als tausend Jahren positiv prägt. Es ist jene unbestimmbare Kraft, die viele Besucher bisher vergeblich zu durchdringen versuchten; eine Stimme des Unterbewußtseins, die auch den überlieferten und bewahrten Geist des modernen Japan ausmacht.

Wenn wir als Schüler des Aikido den wertvollen Weg achten und lieben, so sind wir auf der Suche nach diesem wertvollen Geheimnis.

Da es immer Menschen gibt, die mit allen Fasern ihres Herzens nach der Wahrheit streben, wird sich auch das oft noch verkannte Aikido zum Nutzen der Menschheit verbreiten.

Wie in jedem Land wurden auch in Japan früher Künste entwickelt, die in erster Linie dem Kampfe sowie zur Verteidigung gegen bewaffnete und unbewaffnete Angreifer dienten. Die technischen Unterschiede bestanden darin, daß man sich seinem Gegner entgegenwarf, die Verrenkung seiner Gelenke herbeiführte, Schläge und Stöße auf lebenswichtige Körperstellen richtete oder die eigene Waffe optimal zur Anwendung brachte.

Die Pflege dieser Künste war aus Gründen der Selbsterhaltung zunächst sehr wichtig. Bedingt durch äußere Einflüsse, neue Gesetze und veränderte moralische Auffassungen war im 18. Jahrhundert ihr langsamer Verfall festzustellen. Auf der Suche nach neuen Lebensinhalten und -formen kam man zu der Auffassung, daß die bis dahin praktizierten Prinzipien des Zweikampfes menschenunwürdig wären, ohne allerdings seine vielfältigen und oft verschleierten Erscheinungsformen zu negieren.

Zum Glück verstand es O Sensei Jigoro Kano, ein neues System zu schaffen, das physisches und geistiges Training harmonisch miteinander verbindet. Er nannte es Judo (sanfter Weg), das als Sport mit tiefen erzieherischen Inhalten und körperbildenden Werten heute in der ganzen Welt bekannt ist.

Parallel zu den Anstrengungen von O Sensei Jigoro Kano setzten andere Meister ihre Übungen fort. Sie suchten und fanden neue Systeme.

In jeder an den Regeln des sportlichen Wettkampfes orientierten Begegnung muß man jedoch auf die Anwendung gefährlicher Angriffs- und Verteidigungstechniken verzichten oder darf sich nur auf ihre Andeutung beschränken. Aus diesem Grunde wurden die wesentlichen Aspekte und effektiven Techniken des Jiu-Jitsu sowie des Aiki-Jitsu schnell verworfen und bald vergessen.

Der geniale Budo-Meister Morihei Ueshiba erkannte, daß jede Verteidigungstechnik wertneutral und daher nicht von sich aus gefährlich oder schlecht ist, solange der Ausführende die Gesetze der Nächstenliebe konsequent achtet und ständig zu realisieren sucht. Er studierte die Techniken und Prinzipien des Jiu-Jitsu sowie des Aiki-Jitsu und schuf ein bemerkenswertes System, das er Aiki-Budo und später Aikido nannte.

AI
Liebe, Harmonie

KI
universale geistige Kraft

Do
Weg, Methode, Prinzip

Aikido ist im körperlichen Bereich eine gelungene Synthese verschiedener martialischer Künste, wobei vorwiegend Techniken praktiziert werden, die im Wettkampfsport verboten sind. Dies ist nur deswegen ohne Schaden für die Ausübenden möglich, weil dem Aikido die strikte Idee vom Frieden, der mit Macht edler menschlicher Gefühle hergestellt wird, zugrunde liegt.

Es ist sehr schwierig, die gesamte Lehre des Aikido mit Worten zu beschreiben. "AI" bedeutet" in Harmonie vereinen", "KI" ist die "geistig-seelische aber auch universale Kraft" und "DO" der "Weg".

Schon in der Wortwahl ist zum Ausdruck gebracht, daß es darauf ankommt, seinen Geist in harmonische Übereinstimmung mit dem Geist anderer Menschen und in Einklang mit den göttlichen Gesetzen zu bringen. Dies gilt auch im Bereich der Wirklichkeit, denn die hier herrschenden physikalischen Gesetze sind ein Ausdruck des Schöpferwillens.

Alle Techniken des Aikido sind nur körperliche Übungs- und Ausdrucksformen dieses übergeordneten geistigen Prinzips. Wer die tiefgründige Lehre des Aikido verstehen will, muß die Gedanken des Begründers, O Sensei Morihei Ueshiba, nachvollziehen. Er ordnete der körperlichen Konstitution oder der physischen Kraft nur eine geringe Bedeutung zu und vertrat mit der ganzen Kraft seiner Persönlichkeit die Auffassung, daß der Geist die Materie beherrschen kann. Diesen Weg kann der Aikidoka jedoch nicht allein, sondern nur in harmonischer Verbindung mit dem Willen seines Schöpfers und gemeinsam mit anderen Menschen gehen.

In unserer vorwiegend materialistisch determinierten Zeit werde ich gemäß der Botschaft meines verehrten Meisters immer verkünden, daß Aikido ein neuer Weg des Friedens ist.

Wenn es möglich ist, die aufgezeigte höhere Einsicht bei Individuen zu wecken, so wird man zugeben müssen, daß sie auch zwischen den Nationen der Erde bestehen kann. Wäre es folglich nicht sinnvoll, künftige Führungskräfte zu formen, indem man eine wertvolle geistige Lehre eng mit der körperlichen Ausbildung verbindet?

Jede Nation, die so verfährt, könnte über ein Potential an würdigen Menschen verfügen, das höher zu bewerten ist, als die größte zerstörerische Kraft aller Waffen. Diese Führungskräfte wären ständig bemüht, ihnen anvertraute oder erworbene

Macht zum Wohle und zum Fortschritt der Menschheit einzusetzen.

Fragt ein Außenstehender nach dem Wesen des Aikido, so kann man ihm antworten, daß es die Lehre von der Harmonie aller Gedanken, Worte und Handlungen ist.

Durch körperliche Übungen erlaubt Aikido ein Studium physischer und geistiger Zusammenhänge. Es bietet den aufmerksamen Schülern ein unbegrenztes Betätigungsfeld mit bemerkenswerten Möglichkeiten. Ihm wird anschaulich und eindringlich bewiesen, daß sein Leben von unveränderlichen Gesetzen abhängig ist, die jedes Zusammenwirken von Geist und Körper ebenso regeln, wie sein Verhältnis zu anderen Menschen oder zur Umwelt.

Nur ein ausgeglichener Mensch erkennt diesen zarten Mechanismus und kann ihn beeinflussen. Er erwirbt, was viele Menschen vergeblich suchen: eine grenzenlose innere Freiheit als Ausdruck der in sich ruhenden starken Persönlichkeit, die Möglichkeit zur Überwindung der Hindernisse des Lebens, den erfolgreichen Einsatz aller geistigen Kräfte unter Ausschaltung störender Emotionen und eine jeden unnötigen Aufwand vermeidende heitere Gelassenheit.

In fundamentalen Techniken des Aikido basieren auf dem Prinzip des Eintretens (Irimi) und des Ausweichens (Tenkan). Letzteres will jedoch nicht im Sinne von "Nachgeben" oder "kein Interesse zeigen" verstanden sein. Der Ausführende vermeidet lediglich im "Augenblick" das spontane Engagement, bewahrt sich so die Freiheit der Entscheidung oder des Handelns und kann seine eigenen Möglichkeiten folglich jederzeit optimal zur Geltung bringen, wenn dies zweckmäßig oder notwendig ist.

Ein weiteres Grundmerkmal, das Aikido völlig von ähnlichen Künsten unterscheidet, liegt darin, daß es die Entfaltung des Angreifers zuläßt, was bei oberflächlicher Betrachtung zunächst paradox erscheint.

Der Verteidiger wartet im Zustand geistig-seelischen und körperlichen Gleichgewichtes den Angriff ab. Nur diese Methode der "beobachtenden Passivität" erlaubt es, die Absicht des Angreifers, Stärke und Richtung der wirkenden Kraft, sowie schwache Punkte zu erkennen. Durch Ausweichen wird dem Angreifer das Ziel seiner Bemühungen genommen, wonach die entfaltete Kraft entweder wirkungslos verpufft oder auf der Linie des Verteidigers verstärkt gegen den Initiator gerichtet wird, so daß dieser als Folge einer schmerzhaften Belehrung häufig vor Vollendung des Angriffes seine niedere Absicht aufgeben muß'.

Die Art der Verteidigung wird so auf natürliche Weise durch die Art und Stärke des Angriffes bestimmt. Der Angreifer wird ständig so gelenkt, daß er die Nutzlosigkeit seines Bemühens einsieht und die feindliche Gesinnung freiwillig aufgibt.

Alle Techniken des Aikido beeindrucken den Außenstehenden durch ihre Schnelligkeit und Präzision, was ein ernsthaftes Training von vielen Jahren voraussetzt.

Am Beginn der Studien steht ein intensives und ausdauerndes Forschen nach dem eigenen Leistungsvermögen, wobei die Bedeutung des statischen und dynamischen Gleichgewichtes einen hervorragenden Platz einnimmt. Es gilt, eine perfekte innere (geistige) und äußere (körperliche) Stabilität zu erwerben, die sowohl im allgemeinen Verhalten als auch in realen Verteidigungssituationen von erfolgsbestimmender Bedeutung ist.

Die erzieherischen Grundübungen dulden keine Mittelmäßgkeit und sind mit großer Intensität ständig zu wiederholen, da nur auf diesem Wege die verworrenen Gefühle konzentriert und die häufig unnatürlichen Bewegungen kultiviert werden können.

Der aufgezeigte Weg führt zwangsläufig zu Fortschritten in den körperlichen und technischen Bereichen. Die ständige Überwindung der eigenen Unzulänglichkeiten fördert aber auch Selbstvertrauen, Konzentrationsfähigkeit, innere Ruhe und geistige Überlegenheit.

Mit zunehmendem Training werden die visuellen Empfindungen sowie die Möglichkeiten einer instinktiven Orientierung beträchtlich verbessert und sicherer Besitz des Unterbewußtseins. Erst von diesem Zeitpunkt an kann der Aikidoka durch Anmut, Eleganz, Geschicklichkeit und Geschmeidigkeit alle Nachteile ausgleichen, die von der brutalen Kraft eines starken und bösartigen Angreifers ausgehen.

Physikalisch gesehen können die Bewegungen des Aikido mit dem Schwingen eines Pendels verglichen werden. Der Angreifer wird hierbei unwiderstehlich in eine vom Zentrum des Verteidigers ausgehende Kreisbewegung aufgenommen und damit in den Zustand des permanent labilen Gleichgewichts gebracht. Hier gehorcht der den physikalischen Gesetzmäßigkeiten unterworfene Körper dem aggressiven Geist nicht mehr. Dem Angreifer wurden somit alle Möglichkeiten genommen, sich seiner natürlichen körperlichen Mittel zu bedienen.

Der Verteidiger befindet sich bei allen Aktionen außerhalb oder im Zentrum der wirkenden Kräfte und bleibt gleichsam unberührt. Er allein ist in der Lage, den Angreifer aus seinem selbst herbeigeführten Zustand körperlicher und geistiger Hilflosigkeit zu befreien, wobei die Grundsätze der Nächstenliebe beachtet werden.

Alle Techniken des Aikido sind daher auf die Konstitution der Menschen abgestimmt und beanspruchen die Gelenke entsprechend ihrer natürlichen Flexibilität bis zu einem Punkt, an dem die zwingende Schmerzschwelle ohne bleibende Schäden erreicht ist.

Aikido ist aufgrund aller Inhalte ein System der Selbstverteidigung für Menschen des Ausgleichs, denen es widerstrebt, Böswilligkeit mit Haß, Feindschaft mit Gewalt und Kraft mit Heftigkeit zu erwidern. Sie werden erkennen, daß der Geist die körperliche Natur beherrschen kann und in ihrem Leben eine Summe unschätzbarer Wohltaten empfangen.

Die Wirksamkeit der Technik des Aikido-Begründers, O Sensei Morihei Ueshiba, war zwingend und wohltuend zugleich. Alle Bewegungen verband er mit dem Kiai, der seinem Wesen entsprang und die Herzen der Menschen in zarte, harmonische Schwingungen versetzte.

In diesem Stadium des Aikido gab es weder Angriff noch Verteidigung. Man nahm an einer Aufeinanderfolge von unerklärlichen Erscheinungen teil, aber in Wahrheit gab es nur das Wirken des überlegenen Geistes einer großen Persönlichkeit.

Die tönende und schwingende Natur war für ihn eine sichtbare Geste der Schöpfung und ein immer neues Erlebnis. In der harmonischen Übereinstimmung mit ihr schuf er sein System der vollkommenen Verbindung von Gedanken, Worten und Handlungen - Aikido. Sein Leben war erfüllt von ständiger Suche nach Wahrheit und höchster Geistigkeit. O Sensei Morihei Ueshiba war ein genialer Künstler, dessen Lebenswerk in den technischen Formen die Schönheit und Reinheit seiner Bemühungen widerspiegelt.

Noch im Alter von 86 Jahren fürchtete er weder Entbehrung noch Anstrengungen, neidische Feindlichkeit oder ungerechte Kritiken. Er opferte seine Kräfte nur dem Großen und Schönen, war allen edlen Gefühlen zugänglich und begeisterte mit der Kraft seiner Persönlichkeit.

Wer im Aikido lediglich ein bemerkenswertes System der Selbstverteidigung sieht, wird der Wahrheit nicht gerecht; es handelt sich vielmehr um einen Weg der menschlichen Vervollkommnung!

Im Verlaufe meines Aufenthaltes bei O Sensei Morihei Ueshiba wurde ich davon überzeugt, daß der Geist sich vom Körper lösen kann, um seine erhabene Pracht ringsum zu werfen. Geblendet durch das Licht der Wahrheit und geschlagen von der erkannten Häßlichkeit ihrer eigenen Absichten fanden sich alle Feinde entmutigt.

So praktiziert und vorgelebt ist Aikido eine unschätzbare Lebenshilfe für den Einzelnen und ein wertvolles Prinzip für jede Gemeinschaft. Es lebt auch nach dem Tode des Aikido-Begründers ungetrübt in den Herzen seiner aufrichtigen Schüler weiter.

"Dringt nicht der belebende Sonnenstrahl", so sagt ein Sprichwort, "von allein in das Zimmer, wenn die Tür geöffnet wird?" Also sollten wir auch unsere Herzen öffnen, um die wertvolle Botschaft des O Sensei Morihei Ueshiba zu empfangen und durch Arbeit an uns selbst zu verinnerlichen damit sie sich auf alle Lebensbereiche überträgt und ihre Wirkung entfaltet - zum Wohle vieler Menschen. ■

Eine kleine Einführung in die japanische Aikido-Fachsprache

Die japanischen Bezeichnungen der Aikido-Fachausdrücke werden gebraucht:

a) weil im Aikido keine einheitlichen und genau bezeichnenden deutschen Worte vorhanden sind;
b) weil die japanische Aikido-Fachsprache bei allen Kursen, Lehrgängen und Gürtelprüfungen gebraucht wird;
c) weil sie auf der ganzen Welt verwendet wird, also international verständlich ist;
d) weil sich damit alle Aikidoka, ganz gleich welcher Nationalität, untereinander verständigen können.

Die Betonung

Alle Silben werden im Japanischen gleich stark betont. Alle Selbstlaute (die Vokale a, e, i, o und u) werden einzeln, also jeder für sich ausgesprochen. Man unterscheidet aber zwischen langen und kurzen Vokallauten. Treffen zwei Vokale zusammen, so sind diese getrennt auszusprechen, z.B. Osae = Osa-e, oder Mae-geri = Ma-e-geri. Die Mitlaute (Konsonanten) werden ausgesprochen, wie man sie schreibt. Ausnahmen sind:

sh = sch (ashi, sprich »aschi« = Fuß),
z = s (waza, sprich »wasa« = Kunst oder Gruppe),
ch = tsch (uchi, sprich »utschi« = innen),
s = ß (soto, sprich »ßoto« = außen),
j = djsch (Judo, sprich »Djschudo«, »sch« ist kaum hörbar),
y = j (yoko, sprich »joko« = Seite, seitlich).

Die Wortzusammensetzungen

Oft verändert sich in der japanischen Sprache bei Wortzusammensetzungen der erste Buchstabe des zweiten oder dritten Wortes.
Man sagt z.B. nicht ...
Goshi-nage. Am Wortanfang steht ein »K« , also Koshi-nage. Innerhalb einer Wortfolge steht ein »G«, wie bei Uki-goshi. Man sagt auch nie De-ashi-harai. Nur am Anfang des Wortes steht ein »H«, wie bei Harai-goshi. In der Mitte einer Wortfolge jedoch steht ein »B«, wie bei Gedan-barai.
Es verändert sich also der erste Buchstabe des zweiten oder dritten Wortes. Ganz deutlich tritt diese Regel auf bei dem vielgebrauchten Wort »Tsuki« = stoßen, gerader Vorwärtsstoß. Am Anfang schreibt man Tsuki mit »Ts«, aber in der Wortzusammensetzung mit »z«, wie z.B. bei Oi-zuki oder Gedan-zuki.
So wird also aus »Ts« der Buchstabe »z« (Tsuki/zuki),
aus »K« der Buchstabe »g« (Koshi/goshi),
aus »T« der Buchstabe »d« (Tachi/dachi).

Etwas komplizierter wird es bei der Zusammensetzung des Wortes »Ichi« = eins: So wird z.B. aus Ichi und Hon das neue Wort »Ippon« = ein Punkt, und aus Ichi und Kyu wird »Ikkyu« = erster Schülergrad.

Wie unsere Sprache kennt auch das Japanische die Substantive (Hauptworte) und die Verben (Tätigkeitsworte). Zu den Substantiven gehören meist die Körperteile, wie z.B. Ashi (Bein, Fuß), Te (Hand), Empi (Ellenbogen) usw. Zu den Verben gehören die Begriffe wie z.B. Tachi (stehen), Tobi (fliegen), Age (heben) usw.

Die Verben enden in der Regel auf »i« oder »e«.

Die Verben können nun im Japanischen ohne Probleme miteinander verbunden werden, wie z.B. Tobi-geri (fliegen/treten) oder Age-uke (heben/abwehren). Jedoch werden auch die Verben und die Substantive miteinander verbunden, wie z.B. Hara-kiri (Bauch/schneiden) oder Haishu-uke (Handrücken-abwehren) usw.

Auch die Wörter, die eine Bewegungsrichtung angeben, wie z.B. uchi (innen), soto (außen) oder ushiro (hinten) lassen sich mit Substantiven und Verben miteinander verbinden. So entstehen dann zusammengesetzte Bezeichnungen für einzelne Aikido-Techniken, wie z.B. Uchi-kaiten-nage (innen/Schleuder/werfen), oder Soto-ude-uke (außen/Ärmel/abwehren).

Die Mehrzahlbildung

Japanische Wörter kennen im Genitiv und im Plural kein Endungs-s. Bei der Umschrift in andere Sprachen paßt man sich gelegentlich der japanischen Grammatik an und läßt für das Sprachgefühl die ungewohnten Endungen zu: hundert Aikidoka statt Aikidokas, hundert Samurai statt Samurais und hundert Gedan-barai statt hundert Gedan-barais.
Diese Sprachmanipulation klingt holprig und entspricht nicht dem sonst üblichen Verfahren, ausländische Wörter dem deutschen Sprachgefühl und -empfinden anzugleichen.

Karate-Pionier Manfred Grichnik hat daher die »Gesellschaft für deutsche Sprache« um Klärung gebeten und erhielt vom Leiter des Sprachberatungsdienstes, Herrn Dr. Uwe Förster, die folgende Stellungnahme:

»Das japanische Wort 'Kimono' z.B. ist weitgehend eingedeutscht und wird bei uns also mit Plural-s und mit Genitiv-s verwendet.

Dies verzeichnet der Rechtschreibduden von 1991. Für 'Karateka' (bzw. 'Aikidoka') liegt es nach dem gleichen Buch im Ermessen des Sprechers oder Schreibers, ob er im Plural oder im Genitiv ein 's' anfügt oder nicht.

Offenbar ist also 'Karateka' und auch 'Aikidoka' im Deutschen noch lange nicht so heimisch wie 'Kimono'. Vergleichbar ist auch das Wort 'Dojo'. Es liegt nun an Ihnen, ob Sie dieses Wort und andere bekannte Wörter durch das Anhängen deutscher Endungen bei uns auch sprachlich heimisch machen wollen.«

Ich glaube, so sagt Manfred Grichnik, es ist an der Zeit, auch japanische Wörter deklinationsfreundlich zu schreiben und auszusprechen. -
Wir akzeptieren diese Meinung. Aber für einen so traditionsbewußten Sport wie Aikido behalten wir in diesem Buch trotzdem die ursprünglichen Schreibweisen bei. Wir schreiben also: ein Aikidoka, hundert Aikidoka, und: er ist ein Schüler des Aikido.

Die Familiennamen

stellen wir in diesem Lexikon in der alphabetischen Reihenfolge an den Anfang, wie z.B. Ueshiba, Morihei. Der Vorname steht also hinten.
In vielen westlichen Aikido-Fachbüchern der früheren Zeit wurde der Name des Aikido-Begründers Morihei »Uyeshiba« (mit »y«) geschrieben. In neuen internationalen Übersetzungen ist jedoch nur noch die Schreibweise »Ueshiba« vorzufinden. Diese Schreibweise haben wir auch in diesem Lexikon übernommen.

Die unterschiedlichen Schreibweisen

Gelegentlich trifft man bei einem japanischen Begriff auf zwei oder drei unterschiedliche Schreibweisen, wie z.B. Hizi, Hiji oder Empi (Enpi) für das Wort Ellenbogen. Das kommt durch die Unregelmäßigkeit in der japanischen Aussprache und durch die verschiedenen Latinisierungs-Systeme (Hepburn, Kunrei, Romaji).
Wir verwenden als Umschrift für das Japanische das Hepburn-System.
Latinisieren bedeutet: eine andere, fremde Sprache in die lateinische Sprachform bringen.
Die Umschreibung der japanischen Zeichenschrift mit lateinischen Buchstaben basiert auf der englischen Phonetik (Wissenschaft der sprachlichen Laute).

Der japanische Akzent

Der japanische Akzent (Betonung) ist im Gegensatz zum deutschen kein rhythmischer, sondern ein melodischer, d.h. er ist nur sehr schwach hörbar. Am besten bemüht man sich, die Wörter und Silben ganz gleichmäßig auszusprechen und zu betonen, wie z.B. To-kyo (kyo bildet einen Laut), also nicht Toky-o aussprechen. Auch bei der Aussprache des Wortes »Ai-ki-do« werden alle Silben gleich-stark betont.
In manchen Silben wird das »u« kaum betont oder sogar vollkommen verschluckt, wie z.B. bei den Wörtern Oi-zuki = sprich O-i-z'ki oder Sumo = sprich S'mo.

Die Übernahme chinesischer (sino-jap.) Begriffe

Schwierig mit der Übersetzung oder Erklärung japanischer Wörter wird es erst dann, wenn diese aus dem Chinesischen übernommen wurden, was sehr oft der Fall ist.

So stammen z.B. die Bezeichnungen fast aller Kata (vor allem im Karate) und die der einzelnen Stellungen (z.B. Zenkutsu-dachi) aus dem chinesischen Sprachbereich.

Daher führen auch die chinesischen Entlehnungen dazu, daß es für viele Begriffe zwei oder mehr unterschiedliche Bezeichnungen gibt. So läßt sich z.B. der Begriff »Mitte« durch das rein japanische Wort »Naka« wiedergeben ... und auch durch »Chu« (wie z.B. in Chu-dan), das wiederum chinesischen Ursprungs ist. Auch »Körper« bedeutet japanisch »Karada«, chinesisch aber »Tai«; ein Begriff, der in vielen Aikido-Fachwörtern anzutreffen ist.

Etwas problematisch wird es auch, wenn man weiß, daß viele japanische Begriffe, wie z.B. »Koshi« nicht nur »Hüfte« bedeutet, sondern noch unzählige andere Bedeutungen hat, so u.a. Kreuz, absterben, Photon, anwenden, der Gesandte, der Anfang, das Gewitter, weiße Zähne usw.

Und erst durch das Studium der japanischen Schriftzeichen »Kanji« ist die genaue Definition zu erkennen. (Anmerkung der Redaktion: wenn Sie die Kanji-Schriftzeichen studieren wollen, haben Sie kaum noch Zeit, Aikido zu üben!).

Aber damit wollen wir uns in diesem Fachwort-Lexikon nicht belasten. Und wir wollen auch nicht die verschiedenen Eigenarten der japanischen Sprache zu ernst nehmen (das macht auch der Japaner nicht), sonst verlieren wir das eigentliche Ziel aus den Augen - Aikido.

Die bekanntesten japanischen Redewendungen und Begriffe

Haii: Ja
Ijye: Nein
Okage sama de: Danke gut
Ohayo-gozaimas: Guten Morgen
Domo arigato: Vielen Dank
Konichi-Wa: Guten Nachmittag
Doitashimashte: Bitte
Konbanwa: Guten Abend
Oyasumi-nasai: Gute Nacht
Sayonara: Auf Wiedersehen
Watakushi: Ich
Anata: Du, Sie
Doitsu: Deutschland
Doitsujin: Deutscher
Nihon, Nippon: Japan
Nihonjin, Nipponjin: Japaner
Kongetsu: dieser Monat
Raigetsu: nächster Monat
Fuyu: Winter
Natsu: Sommer
Nichiyobi: Sonntag
Getsuyobi: Montag
Kayobi: Dienstag
Suiyobi: Mittwoch
Mokuyobi: Donnerstag
Kinyobi: Freitag
Doyobi: Samstag
Ogenki deska?: Wie geht es Ihnen?
Okage sama de: Danke gut
Domo arigato: Vielen Dank
Dozo: das einladende Bitte
Onegai shimas: Bitte (vor dem Üben)
Wakari mashita: einverstanden
Wakari masen: ich verstehe Sie nicht
Shitsurei shimashita: entschuldigen Sie mich
Gomen nasai: Verzeihung
Chotto matte kusai: einen Moment bitte
Itsu: wann
Ima: jetzt
Ashta: morgen

Eine »auf den Punkt gebrachte« Technik: Kokyu-nage gegen Katate-ryote-tori (Morote-waza). Nage: Rolf Brand; Uke: Roland Nemitz und Ulrich Schümann, beide 4. Dan-Aikido.

Großes Aikido-Fachwort-Lexikon, von A-Z

A

Age: heben, anheben, hochheben.

Ago: Kinn.

Agura: lockerer, gelöster Sitz mit vorn gekreuzten Beinen, ähnlich dem bekannten »Schneidersitz«, jedoch in aufrechter Körperhaltung.

Ahimsa: der Grundsatz der Gewaltlosigkeit und des »Nichtverletzens« in der buddhistischen Ethik; die Achtung vor allen Lebewesen.

Ai: Harmonie, als übergeordnetes Prinzip des Aikido; Ziel jeder körperlichen und geistigen Aktivität. Bedeutet auch: miteinander-verschmelzen, ineinander-übergehen, Vereinheitlichung. Bedeutet auch: Liebe. Aikido-Begründer Ueshiba (s.d.) benutzte die Silbe »Ai« im hohen Alter sowohl für »Harmonie« als auch für »Liebe«, als Ausdruck des Mitgefühls zu allen Lebewesen.

Ai-hanmi: Aikido-Element, symmetrische Position, Ausgangsstellung. Uke und Nage stehen sich diagonal gegenüber, also beide in Rechts- oder Linksstellung (Migi- oder Hidari-kamae, s.d.).

Ai-hanmi Katate-tori: Angriff von vorn, wobei Uke mit seiner rechten Hand das rechte Handgelenk bzw. mit seiner linken Hand das linke Handgelenk von Nage erfaßt.

Ai-ire-so-Kuatsu: Wiederbelebungsgriffe. Siehe auch unter: ,,Kuatsu''.

Aiki: Harmonie (Ai) und kosmische Energie (Ki, siehe jeweils dort). Grundsatz und Leitziel des Aikido; Techniken zur Erreichung der Einheit von Körper, Geist und Seele. Harmonisierung und Verschmelzung mit dem Universum.

Aiki Budo: Bezeichnung des Verteidigungssystems von Ueshiba, Morihei (s.d.) in der Zeit von 1935 bis 1942.

Aiki Bu-Jitsu: Oberbegriff der Grundtechniken zum Führen eines bewaffneten Angreifers mit dem Stab (Bo), Messer (Tanto) oder Schwert (Katana). - Prüfungsfach bei der Prüfung zum 5. Dan. Anforderungen siehe unter: Prüfungsordnung für Dan-Grade.

Aikido: die von O Sensei Ueshiba, Morihei (s.d.) geschaffene Synthese wesentlicher Elemente, Techniken und Prinzipien traditioneller japanischer Kampfkünste sowie ihrer geistigen (ethischen) und spirituellen Grundlagen, die sich in Form reiner Verteidigungstechniken gegen unbe-

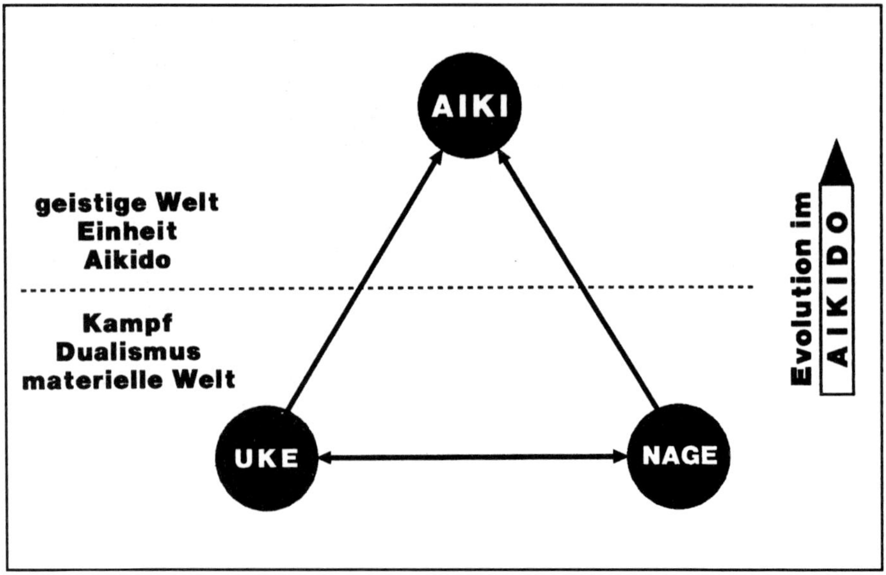

Abb. 4: Die zwischen Uke und Nage bestehende Polarität wird auf der höheren Erkenntnis- bzw. Handlungsebene vereinigt und damit aufgelöst. Im geistigen Sinne finden sich die trennenden Gegensätze zwischen These und Antithese in der Synthese vereinigt.
Das vorstehend symbolisch dargestellte und abstrakt erklärte Prinzip findet seine körperliche Ausdrucksform in allen Aikido-Techniken; es wird durch ausdauerndes Training sicherer Besitz des Unterbewußtseins und wirkt dann in allen Spannungsfeldern und Konfliktsituationen des täglichen Lebens.

waffnete und bewaffnete Angreifer an die geistig-seelischen, sittlichen und körperlichen Fähigkeiten der Ausübenden (Aikidoka) wendet. Bei ausdauernder und ernsthafter körperlicher Übung bewirkt Aikido bei den Schülern eine zunehmende Vereinigung (Harmonisierung) von Körper, Geist und Seele mit dem kosmischen Urprinzip (Ki). Durch die im Aikido ganzheitlich (körperlich und geistig-seelisch) angestrebte Aufhebung fundamentaler Gegensätze (z.B. zwischen Angriff und Verteidigung) wird der »Sieg durch Nichtkämpfen« erst möglich und die wertschaffende (Nächsten-)Liebe (Ai) als Leitziel des menschlichen Handelns zur ethischen Norm des Budo (s.d.) erhoben.
Siehe auch unter: »Was ist Aikido?«

aikido-aktuell: seit 1975 quartalsweise erscheinende Informationsschrift für Aikido in Deutschland (Format DIN A 5, ca. 35 Seiten). Offizielles Fachorgan des Deutschen Aikido -Bundes e.V. (s.d.), das im Eigenverlag herausgegeben wird.

Aikidoka: Ausübender des Aikido.

Aikido Kyogi: Wettkampf-Aikido, entwickelt von dem Waseda-Universitäts-Professor Tomiki, Kenji (s.d.).
Siehe auch unter: »Tomiki Aikido«.

Aikido Shimbun: mtl. erscheinende jap. Aikidozeitung, herausgegeben seit 1959 vom Aikikai-Hombu-Dojo (s.d.).

Aikien: Aiki-(Do)Form; von Ueshiba, Morihei kurz nach dem 2. Weltkrieg (1945) gewählter Name, weil die martialischen (Kriegs-) Künste, denen auch Aikido zugeordnet war, von der Militärregierung verboten wurden.

Aiki-in Seibu Enyu Daidoshi: buddhistischer Name von Ueshiba, Morihei.

Aiki-inyo: Methode zur Harmonisierung der Atemtechniken.

Aiki Jinja: Reliquien-Schrein des Aikido-Begründers O Sensei Ueshiba, Morihei (s.d.) in Iwama (Ibaragi-Prefektur), Japan. Gebaut als äußere (sichtbare) Manifestation einer inneren (unsichtbaren) Realität. Dieser Schrein ist den Schutzgottheiten des Universums gewidmet.

Aiki-Jo: Aikido-Stock, Stab.

Aiki-jo-ho: Aikido-Übungsbewegungen und -Techniken mit dem Jo (s.d.).
Siehe auch unter: »Hodokosu« = ausüben und unter: »Aiki-no-jo«.

Aiki-Jo-Jitsu: Oberbegriff für Grundprinzipien zur Anwendung des langen Stockes und zur Abwehr von Angriffen mit dem langen Stock (Bo, s.d.). -
(Über-)Prüfungsfach bei Prüfungen ab 2. Dan. Anforderungen siehe Prüfungsordnung für Dan-Grade.

Aiki-Ju-Jutsu: Vorläufer des modernen Aikido. Jutsu = Technik, Methodik und Strategie. Koordination zwischen Angriff und Verteidigung. 1. praktiziert im Daito-Ryu Aiki-Jutsu von Takeda, Sokaku (s.d.). 2. gelehrt von Ueshiba, Morihei zwischen 1915 und 1925. Die Entwicklung des »Jutsu« zum »Do« begann 1925.

Aiki Kai: Name des Aikido-Hauptquartiers Hombu-Dojo (s.d.) in Wakamatsucho, Shinjuku-ku, Tokyo.

Abb. 5: Japanische Kanji-Silbenschrift der Terminologie »Aiki-Ju-Jutsu«. Von oben nach unten: Ai-Ki. Von rechts nach links: Ju-Jutsu. Dieses Siegel ist zu sehen auf der Daito-ryu-Schriftrolle, die O Sensei Ueshiba, Morihei im Juni 1932 an Mochizuki, Minoru übergab.

Aiki-Ken: Aikido-Schwert; Langschwert »Katana« (s.d.).
Bedeutet auch: die mit dem Schwert ausgeführten Techniken folgen dem Aikido-Prinzip. Beeinflusst von der berühmten Kashima-Shinto-Ryu (Schule), s.d.

Aiki-ken-ho: Gesamtheit der Schwertübungen (Hodosoku, s.d.)

Aiki-Ken-Jitsu: Oberbegriff für Techniken zur Abwehr unterschiedlicher Angriffe mit dem Bokken (Katana), siehe jeweils dort. -
(Über-)Prüfungsfach bei Prüfungen ab 4. Dan. Anforderungen siehe Prüfungsordnung für Dan-Grade.

Aiki-nage: fortschrittliche Aikido-Verteidigungstechnik aus dem Stand (Nage-waza, s.d.), Aikido-Koordinationswurf. Der Angreifer wird in idealer Übereinstimmung (Koordination) aller Elemente und Prinzipien des Aikido spontan und »körperlos« geführt, sowie allein durch die geistige Energie (Ki) des »abtauchenden« Verteidigers (Nage) geworfen. Aiki-nage ist die Synthese aller Aikido-Wurftechniken und in vollendeter Form auch Ausdruck der höchsten Reife des Verteidigers (Nage). Die wirksamen Schwerpunkte des Aiki-nage können nicht geprüft werden. Die Technik ist daher nicht im Prüfungsprogramm für Kyu- und Dan-Grade enthalten.

Aiki-no-jo: während der Ausübung der Jo-waza (s.d.) werden die Jo- (Stab-)Techniken mit der Ki-Kraft (s.d.) vereinigt.
Siehe auch unter: »Aiki-jo-ho«.

Aiki-no-Kata: Oberbegriff für alle Formen des festgelegten Angreifens und Abwehrens im Aikido. Übungsform zur Kontrolle des Grades der Verinnerlichung und der Effektivität der - unveränderten - Elemente, Techniken und Prinzipien des klassischen Aikido. -
(Über-)Prüfungsfach bei Dan-Prüfungen wie folgt. 1. Dan: Form der Aikido-Bodentechniken im Stand. 2.Dan: Form der Aikido-Bodentechniken im Kniesitz. 3. Dan: Form der Aikido-Standtechniken (Nage-waza). 4. Dan: Form der Abwehr bewaffneter Angreifer. 5. Dan: Form der Aikido-Elemente und Prinzipien. Die Aiki-no-Kata ist auch Bestandteil der Überprüfung bei den jeweils höheren Dan-Graden.
Siehe auch unter: ,,Kata".

Aiki-no-ken: während der Ausübung der Ken-waza (s.d.) werden die Schwerttechniken mit der Ki-Kraft (s.d.) vereinigt.

Aiki-no-kurai: die Geheimnisse und das Bewußtsein des Aiki.

Aiki Okami: bezeichnet den großen Geist, das höchste Symbol und die nachahmenswerten Ideale, auf die Ueshiba, Morihei besonderen Wert legte.

Aiki-otoshi: Aikido-Verteidigungstechnik im Stand (Nage-waza); Aushebewurf. Nage (s.d.) »schaufelt« dem Angreifer nach einer Ausweichbewegung und/oder Gleichgewichtsbrechung (Kuzushi, s.d.) mit den Händen die Füße unter dem bewegten Körper weg und wirft ihn auf den Rücken oder auf die Seite. -
Anwendungsbreite siehe Prüfungsordnung für Kyu-Grade (s.d.).

Aiki-taiso: Grundübungen, Vorbereitungstraining und Exerzizien, die dazu dienen, physische und mentale Kräfte in Lebensenergie (Ki) umzuwandeln.
Bedeutet auch: kallisthenisches Körpertraining (griechisch: Kallos = Schönheit, Stenos = Kraft).
Siehe auch unter: »Undo«.

Ai-nuke: gegenseitige Erhaltung und Anerkennung; Wertschätzung.

Aiki-Tanken-Jitsu: Oberbegriff für die Grundtechniken zur Abwehr von Angriffen mit dem Messer (Dolch) aus verschiedenen Richtungen. -
(Über-)Prüfungsfach bei Prüfungen ab 3. Dan. Anforderungen siehe Prüfungsordnung für Dan-Grade.

Ai-uchi: gleichzeitiger Angriff von Uke und Nage. Bedeutet auch: Unentschieden, oder: gegenseitige Vernichtung beider Kontrahenten.

Aite: Partner oder Gegner im Training bzw. im sportlichen Wettstreit.

Aka: rot.

Aka-obi: roter Gürtel; 9. - 10. Dan-Grad.

Altenbrandt, Erhard: deutscher Aikido-Meister und -Pionier, geb. 1939. 6. Dan-Aikido und 2. Dan-Judo. War von 1966 bis

Eine »auf den Punkt gebrachte« Technik: Szene aus dem Randori (»leere Hand« gegen zwei Angreifer mit Katana; nach Entwaffnung werden beide Angreifer zusammengeführt). Nage: Rolf Brand; Uke: Roland Nemitz und Ulrich Schümann, beide 4. Dan-Aikido.

1977 stellv. Vorsitzender der Sektion Aikido des Deutschen Judo-Bundes (DJB) und ist seit der im Jahre 1977 erfolgten Gründung des Deutschen Aikido-Bundes e.V. (DAB, s.d.) mit einer kurzen Unterbrechung dessen amtierender Vizepräsident (Technik) und ab 1994 auch Bundestrainer. 1977 initiierte Altenbrandt die Gründung des Aikido-Verbandes Baden-Württemberg e.V., den er seit 1979 als 1. Vorsitzender leitet. Er ist Verfasser von Lehrunterlagen und Aufsätzen über die geistigen und technischen Aspekte des Aikido und hat die Entwicklung und Verbreitung der Lehre und Technik des Aikido in Deutschland in den genannten und vielen anderen Ämtern auf Bundes-, Landes- und Vereinsebene maßgeblich gefördert. Für seine ehrenamtliche und gemeinnützige Arbeit wurde Altenbrandt von Verbänden und Vereinen vielfach geehrt und ausgezeichnet.

Abb. 7: Erhard Altenbrandt, deutscher Aikido-Meister und -Pionier.

Ama-no-torihune: Meditations-Übung ähnlich dem Rudern eines Bootes in der Hanmi-Stellung (s.d.). Ursprünglich stammend aus der Shinto-Religion (s.d.). Grund der Ausführung: symbolische Reinigung von Geist und Seele, Harmonisierung der Atemkraft (Ko-kyu) und der Bewegung des Körperzentrums (Hara), siehe jeweils dort.

An: innen, von innen, Innenseite.

Antei: Balance, Stabilität.

Anuro: sich selbst nach innen bewegen; von außen nach innen.

Anza: sitzende Position, ähnlich dem Lotossitz. Diese Sitzhaltung ähnelt einer geöffneten Lotosblüte; »Schneidersitz«, bei dem die Füße auf den Oberschenkeln liegen.

Aoiro-obi: 2. Kyu-Grad = Ni-Kyu (blauer Gürtel).

Aruku: Gehschule, richtiges Gehen, Gleiten.

Asana (Sanskrit): Körperstellungen, die eine bestimmte Geisteshaltung ausdrücken bzw. fördern. Sie erfordern ein beständiges Training und gelten als unerläßlich für die Meditation.

Ashi: Fuß, Bein, Schrittfolge.
Chokyori-kyoso = Langstreckenlauf.
Ko-ashi = kleiner Schritt.
Nuki-ashi = lautloser Schritt.
O-ashi = großer Schritt.
Suri-ashi = gleitender Schritt.
Tobi-ashi = fliegender Schritt.
Wari-ashi = sich anpassender Schritt.
Yoko-aruki = seitliches Gehen.

Ashi-kubi: Fuß-Knöchel.

Ashi-no-ko: Eintritt; Eingang in eine Angriffs- oder Abwehrtechnik. Bedeutet auch: Fußspann oder Fußrist.

Ashi-no-tachi: Grundstellung.

Ashi-no-tachi-Kata: versch. (schulmäßige) Formen, um die Füße richtig zu stellen.

Ashi-no-ura: Fußsohle. Siehe auch unter: »Ashi-ura«.

Ashi-no-yubi: Fußzehe.

Ashi-sabaki: Oberbegriff für Fußarbeit; Bewegungen der Füße.

Ashi-uke: Abwehr mit dem Fuß, Bein oder Schienbein.

Ashi-ura: Fußstellung. Bedeutet auch: Fußsohle.

Atata-meru: Aufwärm-Übungen, Gymnastik.
Siehe auch unter: »Taiso« und »Undo«.

Ate: Schlag, schlagen.

Atemi: wörtlich »anrempeln«; bewußtlos mit einem Schlag.

Atemi-te: die Kunst, den Angreifer durch Druck, Schlag oder Stoß auf lebenswichtige Nervenpunkte des menschlichen Körpers zu lähmen bzw. aktionsunfähig zu machen.
Im Aikido werden Atemi-te beim Eintreten oder Ausweichen nur eingesetzt (angedeutet), um die Ki-Energie des Angreifers zu neutralisieren oder umzulenken bzw. sein Gleichgewicht zu brechen (Kuzushi, s.d.).

Atemi-waza: Gruppe sämtlicher gefährlicher Schläge und Stöße auf die vitalen Nervenpunkte des menschlichen Körpers.

Ateru: zielen, treffen, schlagen.

Awase: zusammen.

Awasete: aufstellen, zusammenfügen, zusammenfassen. Bedeutet auch: kombinieren.

Awase-waza: Gruppe sämtlicher kombinierter Techniken. Bedeutet auch: zusammengefügte (gezählte) Punkte. Im Aikido auch: Oberbegriff für alle klassischen und freien Verkettungen. Siehe auch unter: »Gaeshi / Kaeshi«, »Rensoku / Renzoku« und »Renzoku-waza«. -
Prüfungsfach bei Prüfungen zum 4. bzw. 5. Dan. Anforderungen siehe Prüfungsordnung für Dan-Grade. Techniken des 4. Dan sind Bestandteil der (Über-)Prüfung zum 5. Dan.

Awasu (Awaseru): sich in Harmonie mit der Bewegung des Partners befinden.

Ayumi-ashi: Schritt-laufen, vorwärtsstreben, Gehen, normales Fußgehen zur Einnahme oder Wahrung der korrekten (harmonischen) Distanz (Ma-ai, s.d.) zum Angreifer. Bedeutet auch: Marsch.
Siehe auch unter: „Tsugi-ashi“.

B

Barai/Harai: fegen, Bein-weg-fegen.

Bo: langer Stab, Stock; Übungsgerät (-Waffe) im Aikido.

Bodhidharma: japanische Bezeichnung des 28. Nachfolgers Buddhas (s.d.). Erster Patriarch des chinesischen Zen (s.d.); lebte u.a. von 520 — 535 n. Chr. im chinesischen Kloster Shaolin (s.d.) und schuf dort die Urform des heutigen Karate. Wird in Japan auch noch „Daruma" genannt; „Ta-Mo" = chin. Bezeichnung. Siehe jeweils dort.

Abb. 8: Bodhidharma (jap.: Daruma), der Ur-Vater des Karate.

Bo-Jutsu: die Kunst (-Techniken) zur Anwendung des Bo (s.d.) bzw. zur Abwehr von Angriffen mit dem Bo. Eine beinahe in

Abb. 9: Verteidigung mit dem Bo(-Stab) gegen einen Angriff mit dem Katana.

Vergessenheit geratene Abart des japanischen Schwertfechtens Kendo (s.d.) mit 1,50 bis 1,82 m langen Holzstöcken. Ca. 350 verschiedene Arten der Anwendung in genau vorgeschriebenen Angriffs- und Abwehrtechniken sind möglich. Die Arten des Bo(-Stabes): Maru-Bo = runder Stab, Kaku-Bo = Vierkant Stab, Rokkaku-Bo = Sechskant Stab, Hakkaru-Bo = Achtkant Stab, Take-Bo = Bambus Stab, Kontei = Ende des Bo, Chubon-Bu = Mitte des Bo. Siehe auch unter: »Aiki-Jo-Jitsu«.

Bo-Kata: zeremoniell vorgetragene Pflicht-Übung; Serie von Angriffs- und Verteidigungstechniken mit dem langen Stock.

Bo-ken/Bokken: Holzschwert, als Nachbildung des Katana (s.d.); Übungsgerät (-Waffe) im Aikido.

Bokuto: Holzschwert.

Brand, Rolf: deutscher Aikido-Meister und Budo-Pionier, geb. 1932. 6. Dan-Aikido, 3. Dan-Judo, 3. Ehren-Dan Taekwondo. Er gründete als »Referent für Budo-Sportarten« 1966 u.a. die Sektion Aikido des Deutschen Judo-Bundes e.V. (DJB) und leitete sie 11 Jahre als Vorsitzender. 1971 initiierte Brand die Gründung der Union Européenne d'Aikido, war ihr langjähriger Generalsekretär und ist amtierender Vizepräsident. 1977 organisierte und leitete Rolf Brand die Gründung des Deutschen Aikido-Bundes e.V. (DAB, s.d.) und führt ihn seither als Präsident. Die Verbreitung der Lehre und Technik des Aikido in Deutschland unterstützte er von 1971 bis 1977 auch als Bundestrainer des DJB und ab 1977 bis heute als Bundestrainer des DAB. Er ist Verfasser des Buches ,,Aikido — Lehren und Techniken des harmonischen Weges'' sowie von Lehrunterlagen und Aufsätzen über die geistigen und technischen Aspekte des Aikido.

Abb. 10: Rolf Brand, deutscher Aikido-Meister, Budo-Pionier und Präsident des DAB.

Die Entwicklung des Budo wurde durch Rolf Brand von 1966 bis heute auch in anderen Ämtern auf Internationaler-, Bundes-, Landes- und Vereins-Ebene maßgeblich gefördert. Für seine ehrenamtliche und gemeinnützige Arbeit wurde er vielfach geehrt und ausgezeichnet, u.a. mit dem Verdienstkreuz am Bande des Verdienstordens der Bundesrepublik Deutschland.

Bu: Ritter, Krieger, Samurai. Bedeutet auch: tapfer, militärisch, oder (philosophisch): nicht mehr weiterkämpfen, aufhören mit dem Streit; und bedeutet auch: das Rittertum hochschätzen, oder: zwei Waffen treffen aufeinander.

Buddha (chin.): der Erwachte, der Erleuchtete (jap.: Sakyamuni, oder: der Heilige aus der Familie Sakya). Lebte um ca. 500 v.Chr. und gilt als Gründer der buddhistischen Religion (Buddhismus, s.d.).

Abb. 11: Die große Buddha-Statue in Kamakura, Japan.

Buddhismus: asiatische Welt-Religion (Erlösung, Auskunft über das Jenseits), begründet von dem hinduistischen Bettelmönch Gautama um 560 — 480 v.Chr. Gautama wurde aufgrund der durch seine mystische Versenkung erreichte Erlösung vom Zwang der Seelenwanderung zum Buddha (s.d.).

Die japanischen Kampfkünste werden sehr stark vom Zen-Buddhismus (s.d.) beeinflusst und gelenkt, der ihre philosophische Grundlage darstellt. (Dies trifft jedoch nicht auf das Aikido zu).

Budo: Weg des Kriegers, Weg des Ritters, Weg des Adels. Militärische Ethik, weiter-entwickelt während der jap. Tokugawa-Periode (bis zum 16. Jahrhundert) aus dem kriegerischen Bu-Jutsu (s.d.). Oberbegriff für alle japanischen Kriegs- und Ritter-Künste der Feudalzeit unter philosophischem Aspekt (engl.: Martial Arts). Darunter fallen die Kampf- und Verteidigungsformen Ju-Do, Karate-Do, Aiki-Do, Kyu-Do und Ken-Do etc.
Siehe auch unter: „Do" und „Michi".

Budogi: Budo-Anzug, mit Jacke, Hose und Gürtel, meist aus Baumwolle. Im Aikido: Hakama (s.d.) in weiß oder schwarz.
Siehe auch unter: „Keiko-gi".

Budoka: Ausübender des Budo.

Budokan, Nippon Budokan: 15.000 Zuschauer umfassende Trainings- und Demonstrationshalle für alle alt-japanischen Kampfkünste und Budo-Disziplinen. Wurde 1964 errichtet u.a. als Austragungsstätte für die Judo-Wettkämpfe der Olympischen Spiele. Der Budokan liegt im Nordwesten des Chiyoda-Parks in Tokyo und hat eine Gesamtgröße von 10.345 qm. Gesamtherstellungskosten umgerechnet ca. 22 Millionen DM.

Budo Renshu: »Budo-Übung«, Titel des Aikido-Trainingshandbuches, herausgegeben von Ueshiba, Morihei (s.d.) im Jahre 1933.
Siehe auch unter: »Renshu«.

Bugei: alte jap. Kriegskunst; frühere Bezeichnung für Bu-Jutsu (s.d.). Wurde von den Samurai und den Bushi (s.d.) praktiziert und beinhaltet u.a. Strategie, Taktik und Verteidigung. Gilt als Vorläufer des heutigen modernen Budo (s.d.). Bedeutet auch im übertragenen Sinne: Er ist mit den Kriegskünsten (die am Anfang des 18. Jahrhunderts existierten) vertraut.

Bugei-sha: Krieger oder Meister der antiken, militärischen Kampfkünste. Auch »Bushin« (s.d.) genannt.

Bujin: Krieger, Soldat.

Bu-Jutsu: Nachfolge-Bezeichnung für Bugei (s.d.). Früherer Oberbegriff für alle alt-japanischen Kampfkünste unter kriegerischem, militärischem (martialischem) Aspekt. Praktiziert von den Samurai und Bushi (s.d.). Vorläufer des heutigen modernen Budo (s.d.). So wurde z.B. aus dem Ju-Jutsu das Ju-Do, aus dem Karate-Jutsu das Karate-Do, aus dem Ken-Jutsu das Ken-Do und aus dem Aiki-Jutsu das Aiki-Do, in dem die Begründer der Technik (Jutsu) ein moralisches, ethisches Prinzip (Do) überordneten.

Bujutsu-ryu: Schule der alten martialischen (kriegerischen) Kampfkünste.

Buke: jap. Ritter- und Kriegerfamilie. Ritterstand, militärisches Adelsgeschlecht, aus dem die Daimyo (s.d.) und die Samurai (s.d.) hervorgegangen sind. Aufstrebende jap. Militärklasse während der Kamakura-Periode (1182 — 1333).

Buke Seiji: gesetzliche Regelungen; Handbuch für den Krieger, Politik des Buke.

Buki-ho: wörtlich »Weg der Waffe«; Waffenkunst des Kobudo (s.d.).

Buki-waza: Oberbegriff für alle Abwehrtechniken gegen die im Aikido verwendeten klassischen japanischen Waffen: Jo, Bo, Tanto, Ken und Yari (siehe jeweils dort).

Bukyo: Gesetz des Kriegers.
Siehe auch unter: ,,Bushido''.

Bunbu-itchi: Kultur-politischer Idealzustand. »Literatur und Kriegskunst in Harmonie« (Schreibpinsel und Schwert). Vier jap. Schriftzeichen (Kanji, s.d.), oft dargestellt mit viel Sinn und Bedeutung, denn: Pinsel und Schwert beherrschten praktisch das gesamte jap. Adelsleben der Feudalzeit.

Bunkai: Analyse, Aufgliederung, detailliertes (in einzelne Phasen und Gruppen aufgeteiltes) Studium der jap. Kampfkünste, in Theorie und/oder Praxis.

Abb. 12: Jap. Schriftzeichen (Kanji-Kaligraphie) für das Wort Bushido.

Bushi: Krieger, Ritter, Samurai.
Siehe auch unter: »Bujin« und »Buke«.

Bushido: Moral- und Ehrenkodex der jap. Samurai. »Weg des Adels«, »Weg des Ritters« (Bushi, s.d.);
Ethik des von 1192 - 1867 lebenden Kriegerstandes, z.B. Treue gegen den Herrn und Meister, Selbstzucht und Todesverachtung. Schriftliche Dokumentationen: Von Yamago Soko (1622 - 1685) und von Yuzan, Daidoji (1639 - 1730) in seinem Werk »Budo Shoshin Shu« über die Grundlektionen des Bushido.
Siehe auch unter: »Kobudo«, »Kamikaze« und »Yuzan, Daidoji«.

Bushi-no-te: wörtlich »Hand des Kriegers«; also jemand, der »Te« (Hand, Faustkampf) studiert und beherrscht.

Butso: der Buddha (s.d.).

Butso-Do: der Weg (die Lehre) des Buddha.
Siehe auch unter: »Do«.

C

Chairo-obi: 1. Kyu-Grad = Ik-Kyu (brauner Gürtel).

Chi (chin.): das Absolute; nicht zu verwechseln mit Ch'i (s.d.), die Lebensenergie.

Ch'i (chin.): innere Energie, Lebensenergie, vitale Kraft, Schwerpunkt, Eins-Sein mit dem Universum. Indisch = Prana; Griechisch = Pneuma; Japanisch = Ki oder auch Hara (siehe jeweils dort).

Chika-ma/Chi-kamae: ähnlich wie Chikai = nahe Position, enge Distanz, wie z.B. in der Aiki-no-Kata (s.d.): Zweite Form im Kniesitz.

Chikara: Kraftanwendung, Kraftentfaltung.

Chikara-no-dashi-kata: die in den Aikido-Techniken sichtbar werdende Energie- und Kraftentfaltung.

Chinkon-kishin: mystische Atemtechniken und meditative Praktiken (»zurück zur Göttlichkeit«); benutzt auch von Ueshiba, Morihei. Modifiziert durch Deguchi, Onisaburo und gelehrt als Teil der Omoto-Religion (siehe jeweils dort).

Chi-no-kokyu: zweite Stufe der Atmungsmeditation (»Atem der Erde«).

Choku: Stoß (Tsuki, s.d.) mit dem Stock auf den Solar Plexus (s.d.). Bedeutet auch: Tugend, Treue und Redlichkeit.

Choku-sen-no-irimi: direkter Eingang. Irimi-Technik (s.d.), wobei der Ausführende direkt hinter seinen Partner tritt.

Choshi: Stimmung, Harmonie, Gleichklang, Takt. Bedeutet auch: Auslosung bei Punktgleichheit.

Choyaku: Sprung, Satz.

Choyaku-undo: springen während der gymnastischen Übung.

Chu: Darlegung, Satz, Ausspruch. Bedeutet auch: Loyalität, oder: Mitte.

Chu/Naka: Mitte. Nur wer seine Mitte (Hara, s.d.) gefunden hat, kann andere Menschen führen.

Chudan: mittlere Höhe; Angriffs- oder Verteidigungsstufe im mittleren Körperbereich.

Chudan-kamae: mittlerer Stand; Stellung der vorderen Schwerthand (Tegatana, s.d.) im mittleren Körperbereich.

Abb. 13: Jap. Kanji-Schriftzeichen für den Begriff Chu-gi, als Prinzip der Loyalität und Mitte.

Chudan-uke: Abwehr mittlere Stufe.

Chudan-zuki: gerader Faustangriff (Stoß) zum mittleren Körperbereich des Partners.

Chuga-eri: sich überschlagen; Rolle vorwärts mit Liegenbleiben. Fallübung im Aikido.
Siehe auch unter: »O-chuga-eri«.

Chu-gi, Chu-setsu: Loyalität, als Prinzip des Aikido.

Chushin: eigener Körperschwerpunkt, Mittelpunkt, Zentrum.
Siehe auch unter: »Hara«.

✧

D

Dachi: Stellung, Lage, Position.

Dai: groß. (hat aber, je nach Schreibweise, noch viele andere Bedeutungen)

Dai-daiiro: 4. Kyu-Grad = Shi-Kyu (orangener Gürtel).

Dai-gokyo: Verteidigung gegen bewaffnete Angreifer.

Daimyo: wörtlich »Großer Name«, Herr einer Provinz, Lord.

Dai Sensei: großer Meister, ehrerbietige Anrede für einen 10. Dan-Träger.

Daisho: wörtlich »Groß / Klein«; Bezeichnung für das Schwertpaar Katana (Langschwert) und Wakizashi (Kurzschwert). War Rangsymbol des Bushi (s.d.) und populär während der jap. Momoyama-Periode, von 1573 bis 1599 n.Chr.

Daito: Schwert mit Überlänge (Klingenlänge mehr als 65 cm).

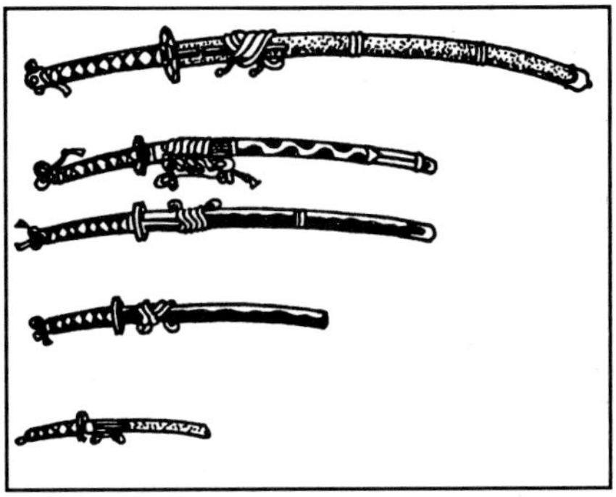

Abb. 14: Jap. Metall-Waffen, von oben nach unten: Daito, Katana, Wakizashi und Tanto.

Daitokan: Hauptquartier und Dojo (s.d.) des Daito-Ryu Aiki-Budo-Verbandes des Takeda, Tokimune (Sohn) in Abashiri auf Hokkaido, Japan (seit 1953). Siehe auch unter: »Takeda« und »Daito-Ryu Aiki-Jutsu«.

Daito-Ryu Aiki-Jutsu: Stilrichtung des Aiki-Jutsu; antikes System von Aikido-Techniken (»eine Wurzel des Aikido«). Kampfkunst des Takeda Sokaku (s.d.) um 1922.
Siehe auch unter: »Daitokan«.

Daki: umarmen, umfassen.

Dan: Rang, Stufe, Budo-Meistergrad. Aufteilung siehe unter: »Obi«.
Bedeutet auch: Angriffs-Ebene, (mittlerer) Bereich am menschlichen Körper, z.B. Jodan, Chudan, Gedan (siehe jeweils dort).

Dan-ryoku: Spannkraft, Elastizität.
Daruma, Taishi: jap. Name für Bodhidharma (s.d.).

Datsuma: ein Begriff mit vielen Bedeutungen, u.a. Methode, kosmisches Gesetz, die »Große Ordnung« (der unsere Welt unterliegt), Lehre des Buddha (s.d.), Verhaltensnormen und ethische Regeln. Siehe auch unter: »Dharma«.

De: vorrücken (kommen oder gehen), herauskommen, vorwärtsgehen.

Deai-osae: einem Angriff zuvorkommen; auch Deai-o-teru genannt.

Deguchi, Nao: Gründerin der Omoto-Religion (s.d.); lebte von 1836 bis 1918. Ihr Schwiegersohn Deguchi, Onisaburo (1871 bis 1948) war viele Jahre mit O Sensei Ueshiba, Morihei zusammen.

Deshi: Lernender, Student, Jünger (der einem Meister nachfolgt).

Abb. 15: Deguchi, Onisaburo. Zentrale Figur der Omoto-Religion.

Deutscher Aikido-Bund e.V. (DAB): in der Bundesrepublik führender, allein anerkannter, gemeinnütziger und eigenständiger Fachverband für Aikido. Der 1977 gegründete DAB ist in allen Bereichen demokratisch strukturiert und wird ehrenamtlich geführt. Er ist Mitglied des Deutschen Sportbundes (DSB) sowie seiner Anschlußorganisationen und der Union Européenne d'Aikido. Wahlspruch: »Stärke durch Bindung in Freiheit!«. Verbandszweck: Verbreitung des von O Sensei Ueshiba, Morihei geschaffenen Aikido in seiner klassischen Form unter Berücksichtigung der moralischen, geistigen, erzieherischen und technischen Inhalte. Wahrung der organisatorischen und fachlichen Freiheit des Aikido sowie Förderung der Einheit aller Ausübenden. Organe: Bundesversammlung, Technische Kommission und Präsidium. Mitglieder: Aikido-Landesverbände und Vereine. Dem DAB gehören derzeit mehr als 6.000 Aikidoka an, davon ca. 300 Aikido-Meistergrade (1. - 6. Dan).

Dharma (Sanskrit): vieldeutiger Zentralbegriff des Hinduismus; tragendes Prinzip, Wahrheit und Weltgesetz. Im jap. Buddhismus (s.d.): Daseinselement und die natürliche Ordnung aller Dinge.
Siehe auch unter: »Datsuma«.

Do: elementarer Begriff im jap. Zen-Buddhismus (s.d.) und in der asiatischen Weltanschauung. Bedeutet: Weg, Grundsatz, Lehre, Philosophie, Richtung, Richtschnur, Prinzip, Methode u.a. Das Kanji-Schriftzeichen für »Weg« liest sich japanisch »Michi« (s.d.) und sinojapanisch »Do«. Es ist gleichbedeutend mit dem chinesischen Begriff »Tao« (s.d.). Es bedeutet auch: die Nachfolge Buddhas antreten auf dem »Weg« zur Erleuchtung (Satori, Butsu-Do, s.d.). Do bestimmt und regelt auch das Verhalten und die Lebensführung der Schüler und Meister in Budo-Disziplinen. Die geistig-praktischen Schulungs-»Wege« und sonstige menschliche Tätigkeiten, auch sportlicher Art, haben einen religiösen und kosmischen Ursprung und führen den Do-Ausübenden zur Vollendung. Bedeutet auch: Rumpf, Taille, Brust, Torso.

Dogi: Übungsbekleidung.
Siehe auch unter: »Keiko-gi«.

Dojo: wörtlich »Weg-Halle«, »Ort der Erweckung«, »Raum der Erleuchtung«. Der Ort, an dem die Schüler den »Weg« üben. Übungsraum, Schule, Gymnasium, Budo-Trainingsstätte, heiliger Raum. Bedeutet koreanisch: Dojang (Ort der Entgegennahme der Offenbarung).
Siehe auch unter: »Zendo«.

Dojo-cho: Direktor, Leiter eines Dojo (s.d.).

Dojo-kun: Dojo-Prinzipien, -Etikette und -Ethik.

Doka: Lieder des (philosophischen) »Weges« in Gedichtform, mit spiritueller Botschaft. Ueshiba, Morihei komponierte selbst einige Doka, die den Geist des Aikido widerspiegeln.

Dokan: Kreis-Symbol; der »Weg« ist ein Kreis. Es kehrt alles zu seinem Ursprung zurück: der Schüler wird zum Meister und der Meister zum Schüler - zur gleichen Zeit (in der Symbolik des rot-weißen Gürtels für den 6. - 8. Dan).

Abb. 16: Die unterschiedlichen Schreibweisen des Begriffes »Do«: Links: Antike Schrift, vor unserer Zeitrechnung. Mitte: Ursprüngliche Schrift vor ca. 1000 Jahren? Rechts: Heutige, moderne Schreibweise (Kanji-Kalligraphie).

Dokusan (Sanskrit): Begegnung eines Zen-Schülers mit einem Zen-Meister, bei der die Zen-Erfahrung des Schülers geprüft und motiviert wird.

Dori/Tori: nehmen, greifen, z.B. Ryo-tedori (Fassen einer Hand). Bedeutet auch: der Werfende.
Siehe auch unter: »Nage«.

Dosa: Training, körperliche Übungen.
Siehe auch unter: »Undo« und »Taiso«.

Doshu: Ehrentitel für einen Meister des Do (s.d.); Großmeister. Jetziger Doshu ist der Sohn des Aikido-Begründers Ueshiba, Kisshomaru (s.d.).

Doto: Gleichheit (der Menschen), als Prinzip des Aikido.

Abb. 17: Jap. Kanji-Schriftzeichen für den Begriff Doto, als Prinzip der Gleichheit.

Dotoku: moralische Verpflichtung, zur Dojo-Ethik gehörend.

E

Eimeiroku: Liste mit berühmten Meistern der verschiedenen Budo-Disziplinen.

Eki-kinkyo: Training von Körper und Geist.

Embu: die praktische Ausübung der martialischen Kriegs- und Kampf-Künste.

Emman-na: milde, sanft. Bedeutet auch: vollkommen.

Empi/Enpi: Ellenbogen.
Siehe auch unter: »Hizi«.

En: Kreis (hat je nach Schreibweise noch viele andere Bedeutungen).
Siehe auch unter: »Dokan« und »Enso«.

Energi: Energie, vitale Kraft.

En-no-irimi: Irimi-Technik, bei der man in den vom Angreifer beherrschten Raum eintritt.

Enso: Kreis. Alles kehrt zu seinem Ursprung zurück. Bedeutet auch: begrenztes »innen«, unendliches »außen«.

Eri: Kragen, Revers.

Eri-dori/Eri-tori: ergreifen des Revers des Partners. Hidari-eri-dori = ergreifen des linken Revers. Migi-eri-dori = ergreifen des rechten Revers.

F

Fu-antei: labil sein, sich nicht im (körperlichen und seelichen) Gleichgewicht befinden.

Fudo-no-shisei: unbewegliche, unerschütterliche Stellung, sitzend oder stehend.

Fudo-shin: unerschütterlicher, unantastbarer Geist.

Fukukoso: »Sonnengeflecht«, lateinisch = Solaris Plexus. Schlag oder Stoß darauf können Atemstillstand oder Lähmung bewirken. Atemi-Angriffspunkt (s.d.). Lage: Brustmitte, zwischen den Rippen.

Fuku Shidoin: erster von drei Titeln, für den assistierenden Lehrer; ist üblicherweise 2. Dan oder tiefer.

Fumi: treten, stampfen.

Fumi-komi: eintreten, eindrehen (in einen Wurf); vorwärtsschreiten, nach vorne schieben.

Funa-kogi: Übungen (wie) mit dem Ruderboot; simulierte Ruderbewegungen als Meditationsübung im Aikido.
Siehe auch unter: »Ama-no-torihune«.

Furi-ageru: schwingen, zum Schlage ausholen.

Furi-tama: Übungen der Ki-Energie; leibseelische Schwingübungen der Hände (Tama-shii = Seele).

Fusegi: schwingen.

Fusegu: verteidigen, abwehren, sich wehren.

Futari: wörtlich »zwei Gegner treffen sich im Kampf«.

Futari-dori: zwei Partner halten gemeinsam einen Angreifer am Ärmel fest.

Futokui: schwache Stelle, Schwäche, Blöße.

Futsu-geiko: Übungsform; normales Training, wobei Angriffs- und Verteidigungstechniken beider Partner ständig wechseln.

G

Gaeshi/Kaeshi: Verkettung in Form einer Gegentechnik, Konteraktion.

Gaeshi-renzoku: umwerfen, die andauernde, ununterbrochene Gegenaktion.

Gaeshi-waza: Gruppe sämtlicher Gegentechniken und Konteraktionen.

Gake: einhängen, (ein-)haken.

Gaku: Kalligraphie, (schön-)geschriebenes Diplom.

Gamae/Kamae: Grundhaltung, Stellung, Lage, Position.

Gaman-kamae: Abwarteposition. Bedeutet auch: warten auf den »Augenblick«.

Garami: halten, verwickeln, umschlingen, unbeweglich machen.

Gari: sicheln, (weg-)fegen.

Gashira/Kashira: hoch, nach oben, Haupt.

Gassho: Meditations- und Konzentrations-Übung; wörtlich »die Hände vor dem Körper falten«.

Gasshuku: Lehrgang, Seminar.

Gasshuku-geiko: Lehrgangstraining, Üben während eines Aikido-Lehrganges.

Gatame/Katame: halten, festhalten, unbeweglich machen, Immobilisation.

Gatame-waza: Oberbegriff für alle Fessel-, Hebel-, Festhalte- und Bodentechniken. - (Über-)Prüfungsfach bei Prüfungen ab 5. Kyu. Anforderungen siehe Prüfungsordnungen für Kyu- und Dan-Grade.
Siehe auch unter: »Katame-waza«.

Gedan: untere Höhe; Angriffs- oder Verteidigungsstufe im unteren Bereich, abwärts der Gürtellinie.

Gedan-barai: Fegebewegung mit dem Jo (-Stab) im unteren Bereich. Abwehr nach unten.
Bedeutet auch: die Beine des Partners wegfegen.
Siehe auch unter: »Barai«.

Gedan-gaeshi: Kreisbewegung mit dem Jo (-Stab), zum unteren Bereich des Partners zeigend.

Gedan-kamae: unterer Stand; Stellung der vorderen Schwerthand (Tegatana, s.d.) im unteren Körperbereich.

Gedan-uchi: schräger Schlag mit dem Jo (-Stab) oder dem Schwert zum unteren Bereich des Partners.

Gedan-uke: Abwehr in der unteren Körperstufe.

Geiko/Keiko: Übung, Trainingsform, Praxis.

Abb. 18: Geta, orig. asiatische Holzsandalen.

Genki: Kraft, Vitalität, Stärke.

Genryu: Ursprungsschule des Takeda-Ryu Aiki-Jutsu (s.d.) in Japan, im 11. Jahrhundert.

Geri: Tritt, Fußtritt.

Geta: jap. Holzschuhe; Sandalen mit Zehen- oder Kreuzband.
Siehe auch unter: »Tabi« und »Zori«.

Gi: Kurzform für Trainingsanzug. Geiko-gi = Übungsanzug, Uniform.

Giri/Kiri: schneiden, Schnitt.
Bedeutet auch: Pflicht, Pflichterfüllung.

Go-Dan: 5. Meistergrad, schwarzer Gürtel.

Go-Do: Sport (Weg, Grundsatz) der Härte.

Gohon-Kumite: der fünffache Angriff; eine Übung für Fortgeschrittene in jap. Kampfsportarten.

Gokaku: gleich stark, gleichmäßig begabt.

Gokaku-geiko: Übung zwischen gleichstarken Partnern.

Goku-shuin: Schule der Edlen; Internatschule.

Gokyo: fünfte Bewegung, fünfte Technik. 5. Aikido-Verteidigungstechnik am Boden (Katame-waza, s.d.); Armschlüssel.
Siehe auch unter: »Ude-nobashi«.

Go-Kyu: 5. Schülergrad, gelber Gürtel.

Go-no-geiko: harte Form des Übens, um Kokyu-ryoku (s.d.) zu trainieren.

Go-no-Kata: alte Form der Kräftigungsübungen im Budo (s.d.).

Abb. 19: Die Handgriffe beim Gokyo, Armschlüssel. *Zeichnung: Ivan Antonietti.*

Go-rin: die fünf großen Elemente (Erde, Wasser, Feuer, Wind und Luft) oder die fünf Körperteile (Kopf, beide Arme, beide Beine).

Go-rin-no-sho: wörtlich »Schrift von den fünf Ringen (Kreisen)«; Anweisungen zur Strategie des Kämpfens, Schwertkampflehre im »Buch der fünf Ringe« von Musashi, Miyamoto (1584 bis 1645), s.d., einem der berühmtesten Samurai Japans (»Heiliger des Schwertes«), gewidmet seinem Schüler Terao Magonojo.
Siehe auch unter: »Hagakure«.

Go Satori: Erleuchtung; die Wahrheit mit dem Herzen sehen.

Goshi/Koshi: Hüfte, z.B. Hüfteinsatz bei Aikido-Würfen (Koshi-nage, s.d.).

Goshin-Jitsu: aus dem älteren Jiu-Jitsu und dem modernen Judo, Karate und Aikido vom Kodokan (s.d.) entwickelte neue Selbstverteidigung ohne Waffen, zusammengefasst in der Goshin-Jitsu-no-Kata.

Goshin-yo-no-te: insgesamt 84 Grifftechniken zur Selbstverteidigung im Daito-Ryu Ju-Jutsu (s.d.).

Gozo, Shioda: Begründer des Yoshinkan-Aikidos (s.d.), geb. am 9.9.1915 in Tokyo. Er studierte Judo und Kendo in seiner Jugend, trainierte 8 Jahre Aikido im Kobukan-Dojo (s.d.) und war ab 1932 Schüler von O Sensei Ueshiba, Morihei (s.d.).

Gyaku: umgekehrt, entgegengesetzt, »gegen die Natur«. Zwei sich gegenüberstehende Partner nehmen unterschiedliche Grundstellungen ein, z.B. Gyaku-hanmi (s.d.).

Gyaku-hanmi: Aikido-Element; Ausgangsposition, seitenverkehrte Stellung. Uke und Nage (s.d.) stehen sich in Rechts- und Linksstellung (Migi- und Hidari-kamae, s.d.) gegenüber, oder umgekehrt.

Gyaku-yoko-men: schräger Schlag zum Kopf (Schläfe) aus seitenverkehrter Stellung, z.B. linker Fuß steht vorne (Hidari-kamae) und rechte Hand schlägt.

Gyaku-zuki: Fauststoß aus entgegengesetzter Fußstellung (z.B. linker Fuß vorne, rechte Faust stößt).

✧

H

Hachi: acht.

Hachi-Dan: 8. Meistergrad, rot-weißer Gürtel.

Hachi-no-ji: schwingen des Jo (-Stabes) ähnlich dem Zeichen einer liegenden acht = ∞.

Hagakure: wörtlich »Im Laub versteckt«; Name der berühmten Samurai-Richtlinien (The Book of the Samurai), geschrieben von dem legendären Samurai Yamamoto Tsunetomo, um 1716 n.Chr.

Haishin-undo: Rückentraining (beugen und ausstrecken) mit Partner.
Siehe auch unter: »Senaka-no-undo«.

Hakama: klassisches jap. Kleidungsstück, Beinkleid, Hosenrock. Zu Haori (Damen-Überwurf) und Montsuki (Kimono) passend. Wird im Aikido von Anfängern in weiß getragen und von Meistern (Yudansha, s.d.) in schwarz. Ueshiba, Morihei (der Begründer des Aikido) trug weiße und schwarze Hakama.

Hanmi: Grundstellung; die Füße stehen im Dreieck; halb-offener Stand, wobei in der Regel der rechte oder linke Fuß vorgestellt wird. Ein vom Körperzentrum (Hara, s.d. = Schwerpunkt) fallendes Lot liegt im Idealfall in der Mitte zwischen beiden Füßen.

Hanmi-hantachi: Oberbegriff für fortgeschrittene Trainingsformen, bei denen Nage (s.d.) seine Bewegungen und Abwehrtechniken sitzend (Za-ho, s.d.) ausführt, während Uke aus dem Stand angreift. - (Über-)Prüfungsfach bei Prüfungen ab 2. bzw. 3. Dan. Anforderungen siehe Prüfungsordnung für Dan-Grade.

Hanmi-kamae: schräge Grundstellung, Dreieckstellung.

Hanmi-kokutsu-dachi: Achtungsstellung, Rückwärtsstellung. Der Körperschwerpunkt befindet sich auf dem hinteren Bein.

Hanshi: Lehrer, hoher Meister, Aikido-Meister von hohem Rang. Durch Silbenverdrehung entsteht der Begriff »Shihan« (s.d.).

Abb. 20: Hakama, der Aikido-Hosenrock.

Hantachi-geiko: Trainingsform; Übungen, bei denen Nage kniet und Uke steht.

Hantei: Beurteilung, Entscheidung, Bewertung von Techniken.

Happo: acht Richtungen.

Happo-giri: schneiden, schlagen (u.a. mit dem Schwert) in acht Richtungen.

Happo-Kumite: Training für Schritt- und Körperbewegungen sowie Schulung der instinktiven Reaktionen gegen Angriffe aus verschiedenen Richtungen. Aikido-Grundübungen in mehrere Richtungen. Eine größere Zahl von Angreifern bilden einen Kreis. Der Abwehrende steht in der Mitte. Die Angreifer sagen jeden Angriff an.

Happo-no-kuzushi: Gleichgewichtsbrechen in acht Richtungen.

Happo-undo: Ausführung der (aufwärmenden oder gymnastischen) Grundübungen in acht Richtungen.

Hara: fundamentaler, existentieller Begriff der ost-asiatischen Philosophie mit vielen - auch übertragenen - Bedeutungen, wie z.B. Bauch, leib-seelische Körpermitte, Kraftzentrum und Sitz der Lebensenergie (Ki, s.d.), Schwerpunkt. Etwas unterhalb des Nabels gelegen und Zentrum der Gravitation des Menschen. »Der gewisse Punkt eines Menschen« = jap.: Seika-no-itten.
Siehe auch unter: »Tanden«.

Hara-gei: Hara trainieren durch Bauchatmung; praktizierende Kunst im Umgang mit der Technik des Hara (s.d.); Beachtung der leib-seelischen und symbolischen Mitte. Lebenseinstellung und Lebensführung durch koordinierte Ki-Energie.

Harai/Barai: fegen, weg-mähen, schwingen. Das Schwert oder den Stock des Angreifers nach oben oder unten schwingen

Hara-Kuatsu/Katsu: jap. Kunst der Wiederbelebung durch Massage vitaler Körperstellen, die oft auch Angriffspunkte (Atemi, s.d.) sind.

Hasso-gaeshi: eine Bewegung aus dem Stand zur Ausgangsstellung Hasso-no-kamae (s.d.).
Bedeutet auch: kreisförmiges Schwingen des Jo (-Stabes) über dem Kopf.
Siehe auch unter: »Gedan-gaeshi«.

Hasso-no-kamae: Ausgangsstellung beim Aiki-jo und Aiki-ken (s.d.). Jo (-Stab) und Schwert werden rechts vertikal neben dem Kopf gehalten.

Heiho: Weg des Kriegers, Gesetz der Samurai, Kampfmethode. Hei = Krieger, ho = Methode. Von Schwertmeister Musashi (s.d.) auch »Niten-ichi-ryu« genannt. Zu diesem Thema gab es im feudalen Japan viele Fachbücher (Chroniken).
Siehe auch unter: »Hagakure«.

Heiki: Gleichmut, Gelassenheit.

Heikin: Gleichgewicht, Balance.
Bedeutet auch: Durchschnitt.

Heiko: Gleichgewicht bewahren.

Henka: Wechsel, wechseln, überwechseln (z.B. von einer Technik in eine andere).
Bedeutet auch: ab- und umändern.

Henka-waza: Variationen zur Grundtechnik; alternative Technikabwandlung unter Wahrnehmung der Elemente und Prinzipien des Aikido.

Hidari: links, linksseitig ausgeführte Technik. Aikido-Ausgangsstellung.

Hidari-ashi-dachi: Stellung mit Standbein links.

Hidari-ashi-mae-kosa-dachi: Überkreuzstellung links.

Hidari-eri-dori: ergreifen des linken Revers des Partners.

Hidari-jigotai: Verteidigungsstellung links.

Hidari-kamae: Aikido-Element; linke Vorwärtsstellung.

Hidari-kokutsu-dachi: Rückwärtsstellung links.

Hidari-mae-sumi-kuzushi: Gleichgewichtsbrechen nach links vorne.

Hidari-shizentai: linke Angriffsstellung, linke natürliche Grundstellung.

Hidari-yoko-kuzushi: Gleichgewichtsbrechen nach links.

Hi-den: wörtlich »einweihen in ...« geheime Überlieferungen, Geheimlehren. Die Summe von körperlichen und geistigen Erfahrungen, übermittelt vom Meister an den besten Schüler.

Hi-den Mokuroku: »Geheimschriften« (Rollen) mit fundamentalen Aikido-Techniken, -Elementen und -Prinzipien, die Ueshiba, Morihei 1932 verfasste.

Hiji: Ellenbogen. Auch »Hizi« und »Empi« (s.d.) genannt.

Hiji-otoshi: den Partner am Ellenbogen halten, um z.B. seinen Fall zu bremsen.

Hiki: ziehen, Zug.

Hiki-ageru: sich zurückziehen (z.B. von einer Konfrontation).

Hiki-bana-waza: Angriffstechnik (Kunst) beim Zurückweichen des Partners.

Hiki-wake: »Unentschieden!«; Wettkampfkommando in Budo-Disziplinen.

Hikkomi: wörtlich »es gibt kein zurück mehr«.
Bedeutet auch: unerlaubt zu Boden drücken.

Himo: Bänder zum Schnüren des Hakama (s.d.).

Hishigi: strecken, gestreckt, drehen.
Bedeutet auch: zerschlagen, zerbrochen werden.

Hishiryo: ein Begriff jenseits des rationellen Denkens; denken ohne zu denken, Nichtdenken (im Gegensatz zu nichts denken).
Siehe auch unter: »Wu-wei«.

Hito: Mensch, menschliches Dasein. Dazu Aikido-Begründer O Sensei Ueshiba, Morihei: »Das menschliche Sein ist ein Geschenk Gottes (der Göttlichkeit), ein lebender Schrein der Heiligen.«

Hito / Jin: Mensch.

Hitori: einzig (Hitori-no); allein (Hitori-de).

Hitori-geiko: Einzeltraining mit einem imaginären (nur in der Vorstellung existierenden) Partner.

Hitotsu-gachi: wörtlich »ein Sieg«. Trennnende (spaltende) Kendo-Technik, wobei ein einziger Schwerthieb zugleich Verteidigung und Angriff ist.

Hittsui: Knie.
Siehe auch unter: »Hiza«.

Hiza: Knie.

Hiza-gashira: Kniescheibe.

Hiza-maki: rutschende Fortbewegung auf den Knien.

Hiza-mazuku: nieder knien.

Hizi: Ellenbogen.
Siehe auch unter: »Empi«.

Ho: Gesetz, Methode, Grundsatz.

Hodokosu: tun, ausüben, etwas geben.

Hojo-undo: ergänzende, zusätzliche (vervollständigende) Technikbewegung.

Hoko-Jutsu: die Kunstfertigkeit des Gehens.
Bedeutet auch: die Kunst, mit der Hellebarde (Naginata, s.d.) umzugehen.
Siehe auch unter: »Shintai«.

Hokyo: verstärken.

Hokyo-undo: Training zur Stärkung der Muskulatur durch Bewegung.

Hombu Dojo: Aikikai Dojo (s.d.); das von Ueshiba, Morihei gegründete Hauptquartier und Trainingszentrum für den Japanischen und Internationalen Aikido-Verband; 3-stöckiges Gebäude, gelegen in Shinjuku Ward in Tokyo.

Hon: normal, grundsätzlich.
Bedeutet auch: Wurzel, Basis.

Honcho Gu gei Shoden: Geschichte der militärischen Künste in Japan; geschrieben während der Shotuko-Periode zwischen 1711 und 1715 n.Chr. Gilt als früheste literarische Quelle des Jiu-Jitsu und ähnlicher Kampfkünste. Verfasser: Shigetaka Hitaka.

Hozoin-ryu: jap. Kampfkunst-Schule; wurde berühmt durch ihre Speerkampftechnik.

I

I (chin.): Geist, geistige Kraft.

Iai-Do: der Weg des (schnellen) Schwertziehens. Ritueller, defensiver Bewegungsablauf, bei dem das Schwert »gezogen« und gegen einen imaginären Gegner geschlagen, gereinigt und wieder in die Saya (s.d.) zurückgeführt wird.

Abb. 21: Iai-Do-Kämpfer beim Training.

Iai-Jutsu: Vorläufer des Iai-Do (s.d.); reine Iai-Technik und Kunstfertigkeit des blitzschnellen Schwertziehens und -Einsatzes.

Ibo: zwei Schritte, Doppelschritt.

Ibuki: Atemtechnik; starkes Ausatmen bei angespannter Bauchmuskulatur.

Ichi: eins, eine, einer.

Ichi-boyshi: wörtlich »in einem Atemzug« (angreifen oder verteidigen).

Ichi- (Sho-) Dan: 1. Meistergrad, schwarzer Gürtel.

Ichi-geki-issatsu: ein Schlag, ein Stoß.

Ichi-Kyu: 1. Kyugrad, brauner Gürtel. Letzte Graduierung innerhalb der Schüler- (Kyu-)Grade.

Ichi-rei-shikon: die spirituelle Macht des Aikido.

Idori: sitzend; Bewegungen im Sitzen. Siehe auch unter: »Suwari«.

I-Ging (chin.): chin. »Buch der Wandlungen«; Weisheits- und Orakelbuch, das die asiatische Philosophie und die Kampfkünste stark beeinflußt hat. Natur-philosophische, taoistische (s.d.) Lebensauffassung.

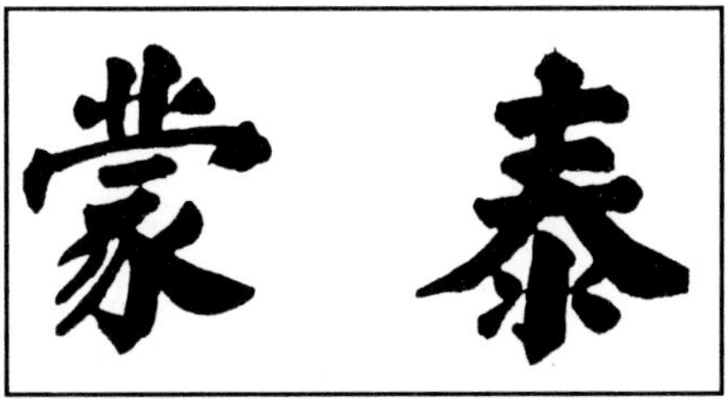

Abb. 22: Chin. Schriftzeichen für »I-Ging«.

Iki: Willenskraft (durch) Atem; physikalische Form des Atmens.
Siehe auch unter: »Ko-kyu« = nicht sichtbare, geistige (kosmische) Kraft (Ki, s.d.).

Ikkyo: erste Bewegung, erste Technik. 1. Aikido-Verteidigungstechnik am Boden (Katame-waza, s.d.), Armstreckhebel-Haltegriff.
Siehe auch unter: »Ude-osae«.

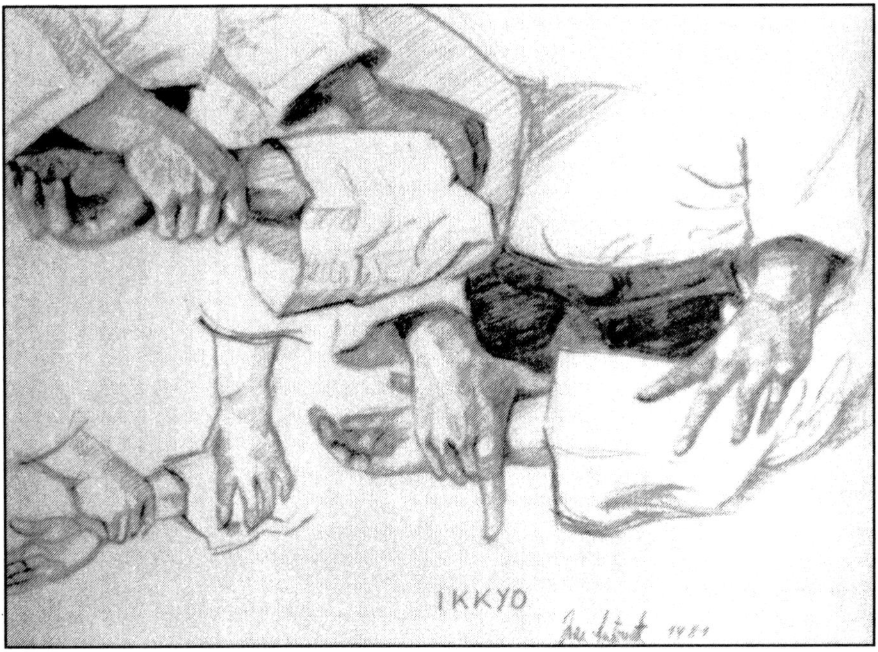

Abb. 23: Die Handgriffe beim Ikkyo, Armsteckhebel-Haltegriff. *Zeichnung: Ivan Antonietti*

Ikkyo-undo: Einzeltraining des Ikkyo (s.d.).

Inoue, Noriaki: jap. Aikido-Pionier, Begründer des Shin'ei Taido (s.d.) und Neffe des Aikido-Begründers Ueshiba, Morihei; geb. 1902. Er lehrte Aiki Budo (s.d.) bis 1956 und wechselte dann zu Shinwa Taido (s.d.), einem Vorläufer des Shin'ei Taido.
Siehe auch unter: »Taido«.

Abb. 24: Inoue, Noriaki. Begründer des Shin'ei-Taido und Neffe von O Sensei Ueshiba, Morihei.

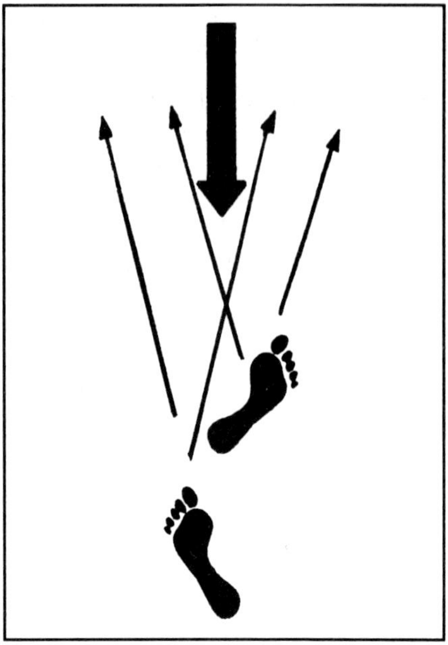

Abb. 25: Irimi (s.d.), die Grundform des Eintretens im Aikido. Greift Uke auf gerader Linie von vorne an, muß Nage sein Körperzentrum »Hara« im Augenblick der harmonischen Distanz »Ma-ai« durch einen Gleitschritt »Tsugi-ashi« nach vorn-links (»hidari«) oder vorn-rechts (»migi«) bewegen, um in den »toten Winkel« des Angreifers zu gelangen.
Dieses verzugsfreie - auf hohem Niveau auch vorausschauende - positive Eintreten (»Irimi«) von vorne (»Omote«) leitet viele Aikido-Techniken ein und ist für ihre effektive Ausführung von besonderer Bedeutung.

In (und) Yo: jap. Bezeichnungen für die chin. Symbole Yin und Yang (s.d.).

Ippon: ein Punkt, voller Punkt.
Bedeutet auch: eins, einzel.

Ippon-geiko: allgemeines Training (um einen Punkt). Im Gegensatz zum Spezialtraining.

Irimi (Omote). Aikido-Prinzip; direkter (aktiver, positiver) Eingang zur Gleichgewichtsbrechung (Kuzushi, s.d.) und Ausführung von Aikido-Techniken (»innerer Eingang«). Aufnahme der Angriffsenergie vor ihrer vollen Entfaltung. Nage (s.d.) setzt dabei seine geistig-seelischen Fähigkeiten und körperlichen Möglichkeiten entschlossen, konzentriert und zielgerichtet ein.
Siehe auch unter: »Tenkan (Ura)«, »Kime«, »Sen-no-sen« und »Sen-sen-no-sen«.

Irimi-ate: Irimi-Schlag oder -Stoß.

Irimi-ho: Vorübung zur Erlernung des inneren, direkten Eingangs; dabei Führen von Uke durch Kokyu (s.d.), daher auch Kokyu-ho-irimi genannt.

Irimi-issoku: Eingang mit einem einzelnen, gleitenden Schritt nach vorne.

Irimi-nage: Aikido-Verteidigungstechnik im Stand (Nage-waza, s.d.); Innen- oder Eingangswurf. Grundlegende Aikido-(Wurf-)Technik, bei der Nage (s.d.) entschlossen schräg-vorwärts in die Angriffsbewegung eintritt. Uke wird aufgenommen, zentriert und spiralförmig um die stabilisierte Körperachse von Nage geführt. Angreifer und Verteidiger bilden in dieser Phase eine Einheit (Synthese der ursprünglichen Gegensätze). Die durch Kreisbewegung (Fliehkräfte) hervorgerufene Gleichgewichtsbrechung (Kuzushi, s.d.) sowie die Reaktion des Angreifers auf die Fühung (Kontrolle) werden durch Nage verstärkend ergänzt; sie bewirken, daß der Angreifer nach hinten fällt. -
Anwendungsbreite siehe Prüfungsordnungen für Kyu- und Dan-Grade.

Ishin-denshin: wörtlich »von Herz zu Herz«.

✧

J

Jaku: Stille.

Jigane: Schneidefläche (Klinge) des Schwertes.

Jigo: Abwehr, Verteidigung.

Jigo-tai: Abwehr- bzw. Verteidigungsstellung; defensive Haltung bei sehr offener Fußstellung und abgesenktem Körperzentrum. Hidari-jigo-tai = linke Verteidigungsstellung. Migi-jigo-tai = rechte Verteidigungsstellung.

Jime/Shime: würgen, Würgegriffe.

Jin: mildherzig, Wohlwollen.

Jin-no-kokyu: dritte Stufe der Atem-Meditation; der Atem des menschlichen Daseins.

Jitsu/Jutsu: Kunst, Technik, Fertigkeit des handwerklichen Könnens.

Jiu-Jitsu: siehe unter »Ju-Jutsu«.

Jiu/Ju: nachgeben, sanft, ausweichen; das Kämpfen mit anderen Mitteln (ohne Waffen).

Jiyu: frei sein, Freiheit (der verschiedenen Bewegungen). Freigewählte Angriffs- und Verteidigungstechniken.

Jiyu-geiko: freies (zwangloses) Training. Siehe auch unter: »Jiyu-waza«.

Jiyu-Ippon-Kumite: halbfreier Partnerkampf in Budo-Disziplinen. Realer Angriff und kampfmäßige Abwehr. Ziel: Entwicklung des Gefühls für Distanz (Ma-ai, s.d.) und den richtigen »Augenblick« (engl.: Timing).

Stand-Techniken (Nage-waza):

Shiho-nage gegen Kata-te-tori
Stellung: Gyaku-hanmi
Prinzip: Irimi
Nage: Rolf Brand, 6. Dan
Uke: Roland Nemitz, 4. Dan

1

4

5

8

9

Abb. 26: Prinzip Irimi

3

7

11

Jiyu-renshu: freies üben.
Siehe auch unter: »Randori«.

Jiyu-waza: Oberbegriff für alle Formen des freien Angreifens und Abwehrens; Übungsform zur Kontrolle der Spontanität und Antizipation (Automatisierung von Elementen, Techniken und Prinzipien des Aikido). -
(Über-)Prüfungsfach bei Dan-Prüfungen wie folgt: 1. Dan: ein unbewaffneter Angreifer (Ju-no-geiko). 2. Dan: ein unbewaffneter Angreifer (Kakari-geiko). 3. Dan: zwei unbewaffnete Angreifer (Ju-no-geiko). 4. Dan: zwei unbewaffnete Angreifer (Kakari-geiko). 5. Dan: drei unbewaffnete Angreifer (Kakari-geiko).
Siehe auch unter: »Jiyu-geiko«.

Jo: 1,30 m langer und ca. 2,2 cm dicker, runder Schlagstock (Stab) aus Hartholz. Ist Teil des Bo-Jitsu-Trainings (s.d.) und Übungsgerät (-Waffe) im Aikido. Bedeutet in der Wortverbindung: »oben«, z.B. »Joseki«, »Jodan« (siehe jeweils dort).

Jobutsu: Zen-Ausdruck für die Verwirklichung des eigenen Buddha-Wesens (s.d.).
Siehe auch unter: »Butsu-Do« und »Jodo«.

Jodan: obere Angriffsstufe, obere Ebene, z.B. Kopf und Hals.
Bedeutet auch: obere Rangstufe; Sammelbegriff für den 1.-5. Dan-Grad (Meister-Grad).

Jodan-gaeshi: Kreisbewegung mit dem Jo (s.d.), gerichtet zum obereren Teil (Körperbereich) des Partners.

Jodan-no-kamae: oberer Stand; Stellung der vorderen Schwerthand (Tegatana, s.d.) im oberen Bereich (Kopf) des Partners.

Jodan-uke: Abwehr in der oberen Stufe.

Jodan-zuki: gerader Fauststoß zum oberen Körperbereich (Kopf, Hals) des Partners.

Jodo: Verwirklichung des Weges (Do, s.d.), auch Jobutsu (s.d.) genannt.
Bedeutet auch: Weg des Stockes; Philosophie und Ethik im Umgang mit dem Jo (-Stab).

Jo-dori: den Stock ergreifen; entwaffnen des Partners, der mit dem Jo (s.d.) angreift.

Jo-Jutsu: Kunst (-Fertigkeit) des Stockkampfes.

Jo-Kata: nach Inhalt und Form festgelegte, zeremoniell vorgetragene Serie von Angriffs- und Verteidigungstechniken mit dem Jo (-Stab).

Jo-sabaki: ausweichen, verteidigen, werfen und festhalten des Partners mit dem Jo (-Stab).
Siehe auch unter: »Sabaki«.

Joseki: obere Seite; Ehrenplatz für den Lehrer, Sitz der Jury. Gegenüber Shimoseki (s.d.) gelegen. Zur Dojo-Raumaufteilung und -Etikette gehörend.

Jo-waza: Oberbegriff für alle Angriffs- und Verteidigungstechniken mit dem Jo (-Stab).

Jo-za: andere Bezeichnung für »Kamiza« (s.d.).

Ju: wie »Jiu« = sanft, geschmeidig, nachgebend, nach dem Prinzip des Nicht-Widerstandes.
Bedeutet auch: Zehn.

Juban-no-ma-ai: richtiger (harmonischer) Abstand zwischen zwei Aikidoka.

Ju-Dan: 10. Meistergrad; höchste Graduierung in Budo-Disziplinen. Der erste offizielle 10. Dan des Hombu-Dojo (s.d.) wurde 1970 an Tohei, Koichi (s.d.) vergeben.

Judo: »der sanfte Weg«, jap. Kampfsport, begründet und reformiert 1882 von Professor Kano, Jigoro (s.d.); seit 1964 (Tokyo) Olympische Disziplin. Würfe, Bodentechniken (Festhalte-, Hebel- und Würgegriffe) oder Kampfrichterentscheid bewirken den Sieg über den Gegner.

Abb. 27: Japanisches Judo, um 1900.

Juji: quer, überkreuz, Kreuz.

Juji-garami: Aikido-Verteidigungstechnik im Stand (Nage-waza, s.d.); Armkreuzdrehwurf. Der Angreifer (Uke, s.d.) wird vom Verteidiger (Nage, s.d.) so zentriert und auf einer Kreisbahn geführt, daß er nach der Gleichgewichtsbrechung (Kuzushi, s.d.) mit gekreuzten (juji) und blockierten (garami) Armen abgeworfen werden kann. Diese Technik eignet sich besonders gegen Angriffe von hinten. Ihre verletzungsfreie Ausführung bedingt eine sichere Beherrschung des Ukemi (s.d.). - Anwendungsbreite siehe Prüfungsordnung für Kyu-Grade.

Juji-nage: Wurftechnik, bei der die Arme des Partners überkreuz gehalten werden.

Ju-Jutsu: die Kunst der jap. Selbstverteidigung, die in ihrer modernen Ausführung auch Techniken aus dem Judo, Aikido, Karate und dem alten Jiu-Jitsu beinhaltet.

Jumbi-taiso: Vorbereitungstraining, z.B. für Kyu- und Dan-Prüfungen.
Siehe auch unter: »Undo«.

Junin-gake: Konfrontation einer gegen zehn; zehn nacheinander.

Junitsu: Einfachheit, als Lebenseinstellung und technische Ausdrucksform.

Ju-no-geiko: geschmeidige (weiche) Form der Technikausführung, beim Üben und im Randori (s.d.).

Abb. 28: Samurai-Kämpfer beim Jiu-Jitsu (Yawara-Armhebel).

Ju-no-ri: Prinzip der Sanftheit und Güte.

Jushin: Zentrum des Schwerpunktes und der Gravitation; Balance.
Siehe auch unter: »Hara«.

Jutsu: siehe unter »Jitsu«.

K

Kachi: gewonnen, der Sieg.

Ka-dachi/Katachi: Figur, Haltung, Form.

Kaeshi/Gaeshi: Verkettung in Form einer Gegentechnik, Konteraktion, Abwehr eines Angriffs.

Kaeshi-waza: Gruppe sämtlicher Verkettungen von Aikidotechniken im Sinne einer »Gegentechnik«.

Kaeshi-zuki: Stoß mit dem Jo (-Stab) nach vorne.

Kai/Kwai: Gemeinschaft von Gleichgesinnten, Gruppe, Schule.

Kaiden: Meister-Zertifikat, letzte Lizenz.

Kaiso: Initiator, Begründer. Ueshiba, Morihei (s.d.) wird so benannt, oder auch: O Sensei (s.d.).

Kaiten: drehen, rotieren, rollen (wie ein Rad, um seine Achse).

Kaiten-nage (soto): Aikido-Verteidigungstechnik im Stand (Nage-waza, s.d.); Schleuderwurf (außen). Nage führt Uke an der Angriffs-(Waffen-)hand von außen (soto) auf der durch seine Körperachse zentrierten Kreisbahn. Die dabei durch Veränderung der Position sowie der Kreisbahnebene entstehenden Fliehkräfte stören das Gleichgewicht des Angreifers (Kuzushi, s.d.), der dann von Nage mit einer eintretenden (Irimi) oder ausweichenden (Tenkan) Bewegung geworfen wird. -
Anwendungsbreite siehe Prüfungsordnungen für Kyu- und Dan-Grade.

Kaiten-nage (uchi): Aikido-Verteidigungstechnik im Stand (Nage-waza, s.d.); Schleuderwurf (innen). Die Technikausführung entspricht dem Kaiten-nage (soto, s.d.) mit dem Unterschied, daß Nage bei Einleitung der Abwehr von innen (uchi) unter der Angriffs-(Waffen-)hand bzw. dem Arm »durchtaucht«. -
Anwendungsbreite siehe Prüfungsordnungen für Kyu- und Dan-Grade.

Kakari-geiko: Übungsform; Training der Abwehr eines harten Angriffs. Randori unter Belastung gegen einen oder mehrere realistisch angreifende Partner. Kraftvolle Trainingsform.

Kake: Abwurf, Niederwurf; Endphase einer Wurftechnik. Bedeutet auch: Schwertständer zur Ablage des Katana (s.d.).

Kama: Holz-Trainingsgerät (-Waffe) im Kobudo (s.d.), sichelförmig.

Kamae: Aikido-Element; Stand, Position, Stellung, Haltung, Vorbereitung. Hidari-kamae = linke Körperstellung, Grundstellung links-vorwärts. Migi-kamae = rechte Körperstellung, Grundstellung rechts-vorwärts.
Bedeutet auch: die Haltung der Schwerthand Tegatana (s.d.), des Jo (-Stabes) und des Schwertes.
Siehe z.B. auch unter: »Jodan-no-kamae«.

Kami: oberer Körper, oberhalb.
Bedeutet auch: Gottheiten des Shinto (s.d.). Heilige Inspiration.

Kami-no-michi: Weg der Götter, als Ideologie im Shintoismus (s.d.).

Kami-sama: letztes Prinzip des Universums (ein Begriff von O Sensei Ueshiba).

Abb. 29: Japanische Kanji-Schriftzeichen für verschiedene Budo-Kampfkünste.

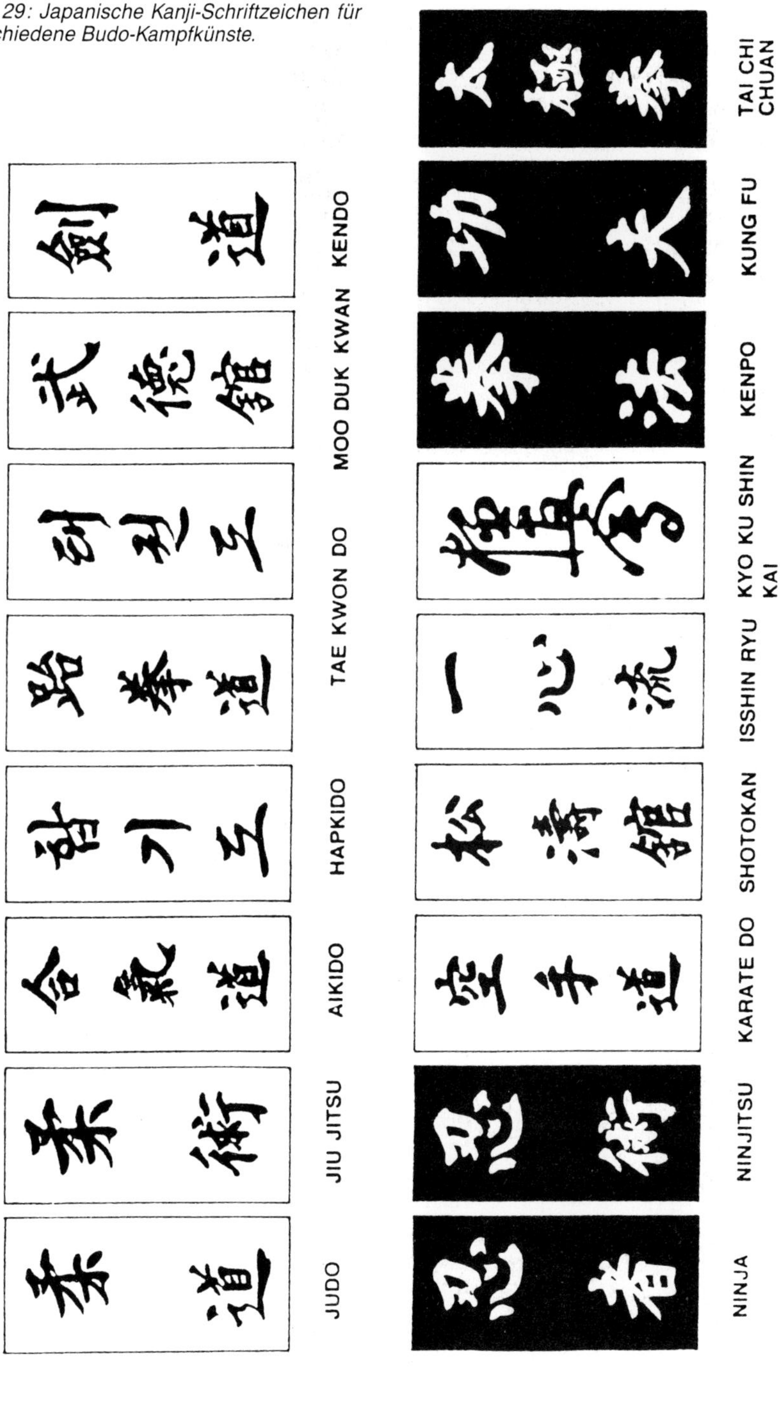

Kamiza: oberer Sitz, hoher Sitz, Ehrenplatz, Residenz des Hausherrn oder des Meisters, auch: Sitz der Götter. Zur Dojo-Raumaufteilung und -Etikette gehörend. Man verbeugt sich beim Kommen und Gehen im Dojo (s.d.) zur Kamiza (gegenüber Shimoza gelegen, s.d.).

Kamiza-ni: Ausrichten der Aikidoka (s.d.) zum oberen Sitz.

Kamiza-ni-rei: Grüßen der Aikidoka (s.d.) zum oberen Sitz.

Kan-geiko: hartes Wintertraining, ausgeführt meist am frühen Morgen, im Januar, unter erschwerten Bedingungen, im Freien oder/und im nichtbeheizten Dojo (s.d.).

Kanji: in Japan verwendete chin. Wortschriftzeichen.

Kannagara: Strom Gottes; Fluß der kreativen Energie, von der Vergangenheit bis in die Zukunft.

Kannagara-no-michi: Weg (Do, s.d.) der japanischen Kaiser und Weg Gottes.

Kansetsu: Gelenk, Knochengelenk. Tekansetsu = Handgelenk.

Kansetsu-waza: Gruppe sämtlicher Hebelgriffe.

Kansha: Dankbarkeit; gegenüber den Menschen und den Göttern.

Kao-zuki: Schlag (Stoß) zum Gesicht.

Kari/Gari: fegen, sicheln, schöpfen, löffeln.

Kashima Shinto-Ryu: 500-Jahre-alte, traditonelle jap. Kampfsportschule. Der dort gelehrte Waffenkampf (mit Bokken, Naginata, Yari und Bo, siehe jeweils dort) beeinflusste das Aikido wesentlich.
Siehe auch unter: »Aiki-Ken«.

Kata: wörtlich »Form«, »Modell«. Stil- und Perfektionsübung, Kombinationsreihe, Schattenkampf, Zeremonie, Ritual, Zelebration, Schauspiel, Tanz. Genau festgelegte, vorgeschriebene Übungen zum Zwecke der Selbstfindung und Demonstration; Pflicht-Vorführung als darstellender, sich offenbarender Charakter der Kampfkünste. Eine in verschiedene Bewegungen zerlegte Ästhetik, ein abgesprochenes Kampfspiel mit vorheriger Einstudierung des Sieges, gegen einen oder mehrere (auch imaginäre) Partner oder Gegner. Im Aikido: der Kata-Ausführende beherrscht die Lebensenergie (im Gegensatz zu »Waza« = Beherrschung der reinen Technik als Kunstfertigkeit und zu »Do« = Huldigung des philosophisch-spirituellen Aspektes).
Siehe auch unter: »Aiki-no-Kata«. Bedeutet auch: Schulter.

Kata-dori: Angriffsart, Griff zur Schulter.
Siehe auch unter: »Morote-dori«.

Kata-dori men-uchi: wie Kata-dori (s.d.), verbunden mit einem Handkantenschlag zu Nages Gesicht bzw. Vorderseite.

Katame/Gatame: halten, festhalten, unbeweglich machen, Immobilisation.

Katame-waza: Oberbegriff für alle Fessel-, Hebel-, Festhalte- und Bodentechniken. -
(Über-)Prüfungsfach bei Prüfungen ab 5. Kyu. Anforderungen siehe Prüfungsordnungen für Kyu- und Dan-Grade.
Siehe auch unter: »Gatame-waza«.

Katana: einschneidiges Langschwert mit leicht gekrümmter und extrem scharfer Klinge (für den trennenden Schlag). Die bevorzugte Waffe (Seele) des Samurai; wurde ein- und beidhändig geführt.

Kata-oshi: drücken gegen die Schulter.

Katate: eine Hand, ein Arm; einhändig ausgeführte Technik.

Kata-te-dori: Angriffsart; Erfassen eines Handgelenkes oder eines Armes

Kata-te-dori Kokyu-ho (Irimi): Aikido-Element, Handbefreiung mit »positivem Eingang«.

Kata-te-dori Kokyu-ho (Tenkan): Aikido-Element, Handbefreiung durch ausweichende Körperdrehung, »negativer Eingang«.

Kata-te-ryo-te-dori: Angriffsart; zwei Hände erfassen ein Handgelenk.

Katsu: gewinnen, den Partner (Gegner) besiegen. Bedeutet auch: einen besonderen, einen lauten Schrei ausstoßen (siehe auch unter: »Kiai«). Oder: die Kunst der jap. Wiederbelebung durch die Erweckung des Ki (chin.: Ch'i), siehe jeweils dort.

Katsu-jin-ken: existentieller Begriff, etwa »das Schwert gibt (oder nimmt) das Leben;« schütze das Leben des Gegners. Siehe auch unter: »Satsu-jin-ken«.

Kei: System, Lehrmethode, technische Stilrichtung.
Siehe auch unter: »Ryu«.

Keiko/Geiko: Übung, Training, Praxis.

Keiko-gi: Trainings- (Übungs-) Bekleidung (bestehend aus Jacke, Hose, Gürtel und ggf. Hakama).
Siehe auch unter: »Budogi«.

Ken: Schwert, (Übungs-) Waffe. Bokken = Holzschwert, als Nachbildung des Katana (s.d.).
Bedeutet auch: Faust, oder: Zustand der Aktivität.

Kendo: »Weg des Schwertes«; jap. Methode des Schwert- und Stockfechtens. Wird im Dojo (s.d.) mit dem Shinai (s.d.) geübt.

Abb. 30: Kendoka beim Training.

Ken-Jutsu: die handwerkliche (rein technische) Schwertkunst; Vorläufer des Kendo.

Ken-kaku: Fechtmeister.
Siehe auch unter: »Musashi«.

Kenkyo: Vertrauen mit Bescheidenheit; eine Aikido-Tugend.

Ken-no-sen: »Die Führung erreichen durch Eröffnung«; Kendo-Schwerttechnik: dem Gegner mit dem Angriff zuvorkommen.

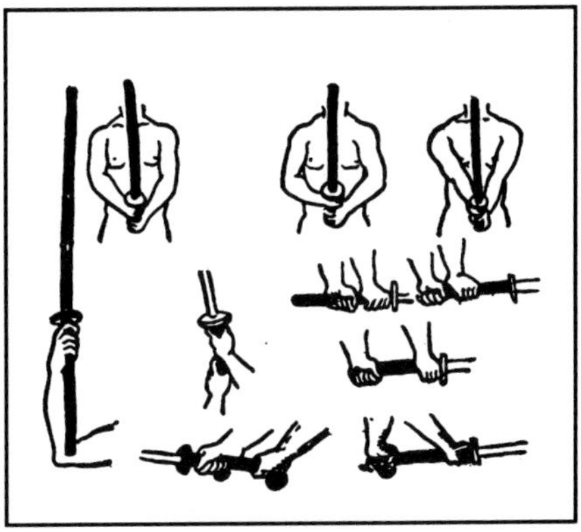

Abb. 31: Die verschiedenen Griffarten beim japanischen Schwertfechten Ken-Jutsu.

Kensei: Ehrentitel, weiser Mensch. »Heiliger des Schwertes«; so wurde z.B. Musashi, Miyamoto (s.d.), einer der berühmtesten Samurai Japans benannt.
Bedeutet auch: Täuschung, Finte, Ablenkungsmanöver.

Kensei-waza: Gruppe sämtlicher Täuschungstechniken.

Kensho: Wahrheitsschau; das Erkennen der kosmischen Wahrheit; Erweckung, Erleuchtung. Eine Rinzai-Zen-Praxis. Ken = hineinschauen, sho = die eigene Natur, als Spiegel der Seele.
Siehe auch unter: »Satori«.

Ken-tai-ichi-jo: wörtlich »der Körper und die Waffe sind eins«.

Kesa/Gesa: Schärpe, Teil der Bekleidung. Schräg-Revers der buddhistischen Mönchskleidung, große Woll-Stola, die während des Sesshin (s.d.) getragen wird.

Ki: Begriff der asiatischen Philosophie mit vielen Bedeutungen: Urkraft, unsichtbare Aktivität durch kosmische Energie (chin.: Ch'i, s.d.); geistig-seelische Kraft, Atemkraft, Wille, Persönlichkeit. Ki wird entwickelt durch die im Hara (s.d.) konzentrierten physischen und mentalen Kräfte und manifestiert sich in der Persönlichkeit, dem Vermögen zur geistigen und körperlichen Führung sowie in der effektiven und wirksamen Ausführung der Aikido-Technik.
Siehe auch unter: »Kokyu« und »Haragei«.

Kiai: wörtlich »Geist-Begegnung«; durchdringender (oft lähmender) Schrei, der durch die Koordination der Atmung und der körperlichen Bewegung (Ki-Entfaltung) im Höhepunkt oder in der Endstellung einer Verteidigung (kime, s.d.) gegen

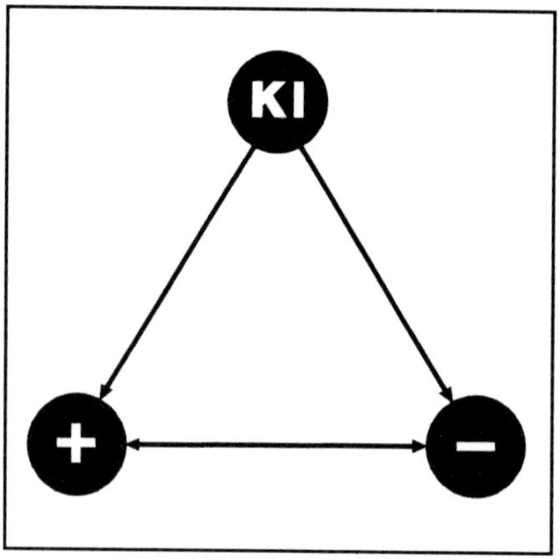

Abb. 32: Symbolische Darstellung der Aufteilung des universalen »Ki« in einen positiven und einen negativen Pol. Die dadurch bedingte Interaktion ist ein Grundprinzip und begründet den Dualismus, der sich in zahllosen Gegensatzpaaren (z. B. Yin und Yang, Himmel und Erde, Kälte und Feuer, Mann und Frau, Ruhe und Bewegung, Sanftheit und Festigkeit) manifestiert.
Im Aikido, das u. a. die Aufhebung der Gegensätze (z. B. zwischen Angreifer und Verteidiger) zum Ziele hat, wird dieser Vorgang wie in Abb. 4 (Seite 22) dargestellt, gleichsam umgekehrt.

gefährliche Angriffe spontan aus dem Hara (s.d.) herausgepresst wird. Der Kiai macht die Einheit von Ki, Geist und Körper (Ki-shin-tai) deutlich und ist ein (warnender) akustisch-emotionaler Ausdruck der uneingeschränkten Bereitschaft zur Verteidigung.

Ki Aikido: Erweiterung der Terminologie des Aikido von Tohei, Koichi (s.d.)

Ki-awase: Vereinigung des eigenen Ki (s.d.) mit dem des Partners (awaseru = zusammenbringen, verbinden).

Kihon: Grundschule, Fundament der Budo-Disziplinen (hon = Basis, Ursprung).

Kihon-waza: Gruppe der Budo-Grundtechniken.

Ki-ichi/Ki-itsu: alles kehrt zu dem Einen zurück.

Ki-iku/kyu: zweite Stufe der geistigen Entwicklung, hervorgerufen durch die Praxis des Zusammenwirkens der körperlichen und geistigen Kraft.

Kiiro: gelb.

Kiiro-obi: 5. Kyu-Grad = Go-Kyu (gelber Gürtel).

Kikai-tanden: physischer und mentaler Schwerpunkt in der Körpermitte, ca. zwei Fingerbreit unterhalb des Nabels; Zentrum des Geistes und der Ki-Energie.
Siehe auch unter: »Hara«.

Kime: lebenswichtige Punkte des menschlichen Körpers; Brennpunkt, Schwerpunkt, Zentrum, Konzentration.
Bedeutet auch: Endstellung, Endpunkt und -phase einer Bewegung. Äußerster Einsatz mit voller Spannung und höchster, geistiger Energie (Ki, s.d.).

Kimono: langes, von einem Gürtel zusammengehaltenes jap. Kleidungsstück, mit weiten Ärmeln.

Ki-musubi/Ki-no-musubi: vereinigen des eigenen Ki mit dem des Partners.
Siehe auch unter: »Ki-awasu«.
Bedeutet auch: Schwertübungen von Saito, Morihiro (s.d.).

Kinhin: Periode oder Brücke zwischen dem sitzenden (passiven) Za-zen (s.d.) und dem beweglichen (aktiven) Za-zen des täglichen Lebens.

Ki-no-Kenkyu-kai: Aikido-Organisation von Tohei, Koichi (s.d.), gegründet 1971 in Japan.

Ki-no-michi: betont verhalten (langsam) ausgeführte Aikido-Bewegungen des franz. Aikidomeisters Noro, Masamichi, um subtile Inhalte zu erfahren.

Ki-no-nagare: Ki-(Energie-)Fluss in fortschrittlichen Aikido-Techniken.

Ki-no-neru: sich ständig mit seinem Ki (s.d.) bewegen (neru = gehen, bewegen), in allen Übungen und auch in alltäglichen Handlungen.

Kiri: schneiden, spalten.
Bedeutet auch: Hieb mit der Schneidefläche einer Waffe.

Kiri-gaeshi: seitlich ausgeführte Schwerthiebe, links und rechts, ständig wiederholend.

Kiri-kami: erstes Aikido-Zertifikat.

Kiri-oroshi: Schwertgriff.
Bedeutet auch: spalten, trennen.

Kiritsu: Achtungsstand; Fersen zusammen und Zehen 45 Grad auseinander stehend.

Kiso: Grundlage, Fundament, Basis.
Siehe auch unter: »Kihon«.

Kiso-geiko: das Training von einfachen Elementen und Grundtechniken.

Kiso-ku: die Atmung verlängern.

Kissaki: Schwertspitze.

Kitai: die Gesamtheit der inneren Kräfte und Energien des Menschen.

Kito: aufstehen und fallen; Fallschule.
Siehe auch unter: »Ukemi«.

Ki-wo-kiru: Unterbrechung des Ki-Flusses. Der Übende ist abgelenkt, unkonzentriert (kiru = abschalten).

Ki / Yorokobi: Freude, als äußerer Ausdruck des Ki (s.d.).

Ko: klein (z.B. Ko-uchi-gari = kleine Innensichel, im Judo).

Koan: geistiges und existentielles Problem; meistens unlogische und unter intellektuellen Aspekten wiedergegebene, oft (bewußt) sinnlose Zen-Worte und -Sätze, als Meditationsform zur Findung des reinen geistigen Wesens. »Öffentliche Bekanntmachung« und Konzentrationshilfe. Im Zen-Buddhismus (s.d.): Fragen und Antworten des Meisters, über die der Schüler meditiert, um zur Erleuchtung (Satori, s.d.) zu kommen. Zen-Dialog; das ganze tägliche Leben ist ein Koan.

Kobudo: wörtlich »kleiner Krieger-Weg«. Traditionelle jap. (aus Okinawa stammende) »kleine« Waffenkunst und -Handhabung mit Nunchaku, Tonfa, Sai und Kama (siehe jeweils dort). Sammelbegriff ursprünglicher Werkzeuge, heute Übungsgeräte in Budo-Disziplinen.

Kobukan Dojo: Name für die erste, im Jahre 1931 von Ueshiba, Morihei gegründete Trainingsstätte in Shinjuku, Tokyo.

Ko-dachi: kleines Schwert, Kurzschwert. Siehe auch unter: »Wakizashi«.

Kodansha: Kampfsportmeister ab 5. Dan-Grad aufwärts.

Ko-daore: den Partner (Gegner) durch eigenen Sturz täuschen.
Siehe auch unter: »Sutemi«.

Ko-Do: der wahre »Weg« der Götter.

Kodokan: wörtlich »Lehr-Weg-Halle«, »Dojo des Kano« (Begründer des Judo). Judo-Zentral-Institut und Welt-Hauptquartier in Tokyo.

Kogeki: Angriff, Konfrontation.

Kogeki-ho: Angriffsweise.

Kohai: Junior, der Jüngere, der Auszubildende in den Budo-Disziplinen; Aikido-Schüler.
Siehe auch unter: »Sempai«.

Koho: rückwärts, nach hinten.

Koho-barai: Fegebewegung mit dem Jo (-Stab).

Koho-tento-undo: Fallübung, Rolle rückwärts. Auch Koho-ukemi-undo oder Ushiro-ukemi (s.d.) genannt.

Kojiki: Annalen des Altertums, älteste jap. Chronik der Mythologie (wurde von Ueshiba, Morihei oft interpretiert). Berichte über die Urgeschichte Japans, 712 n.Chr. verfasst. Danach besiegte Tate-Mika-Zuchi den Sohn des Okuni-Nishino-Kami, der Japan besetzt hatte, in einem entscheidenden Ringkampf, wodurch der jap. Rasse der Vorrang auf der Insel Nippon erhalten blieb. In dieser Schilderung sehen viele Japaner den Beweis dafür, daß es schon damals eine Art der Selbstverteidigung gegeben haben muß. Die Kojiki berichtet ebenfalls über den besten Ringer der damaligen Zeit, Tomaketsu, Hayato (23 v.Chr.), der von seinem Gegner Nomi-no-Sukune, s.d. (der Ur-Vater des Jiu-Jitsu) besiegt wurde.

Kokoro: Herz, »Sprache des Herzens«, zwischen Lehrer und Schüler, Nage und Uke, als einer der Prinzipien des Aikido. Bedeutet auch: Seele, Gefühl, innere Haltung.

Kokutsu-dachi: Rückwärtsstellung, mit dem Gewicht auf dem rückwärtigen (hinteren) Bein.

Ko-kyu: zentraler Begriff der geistigen Kraft und der inneren Energie (Ki, s.d.), die in einer Aikidotechnik zum Ausdruck gebracht wird und oft äußerlich nicht sichtbar ist (im Gegensatz zur reinen Muskelkraft). Strom der als Atemkraft manifestierten geistig-seelischen Kraft, die jede Aikidotechnik begleitet und die den Menschen durch bewußt gelenkte Atemkraft vervollkommnet (Ko = einatmen, kyu = ausatmen).

Ko-kyu-dosa: verschiedene Übungsformen zur Entwicklung der Atemkraft (Kokyu).

Kokyu-ho: Weg und Möglichkeit, andere durch Kokyu zu führen (abstrakt) oder auch Überwindung der wirkenden Kraft, Atemkraftübung (konkret). Der Angreifer wird körperlich und/oder geistig durch Kokyu geführt und beeinflußt.
Bedeutet auch: Training der Atemkraft und Entwicklung des Ki (s.d.) durch spezielle Übungen im Stand oder aus dem Kniesitz (Suwari, s.d.).

Kokyu-ho aus Za-ho: Aikido-spezifische Atemkraftübung aus dem Kniesitz. Uke greift mit Kata-te-ryo-te-dori (s.d.) an und wird von Nage auf den Rücken oder die

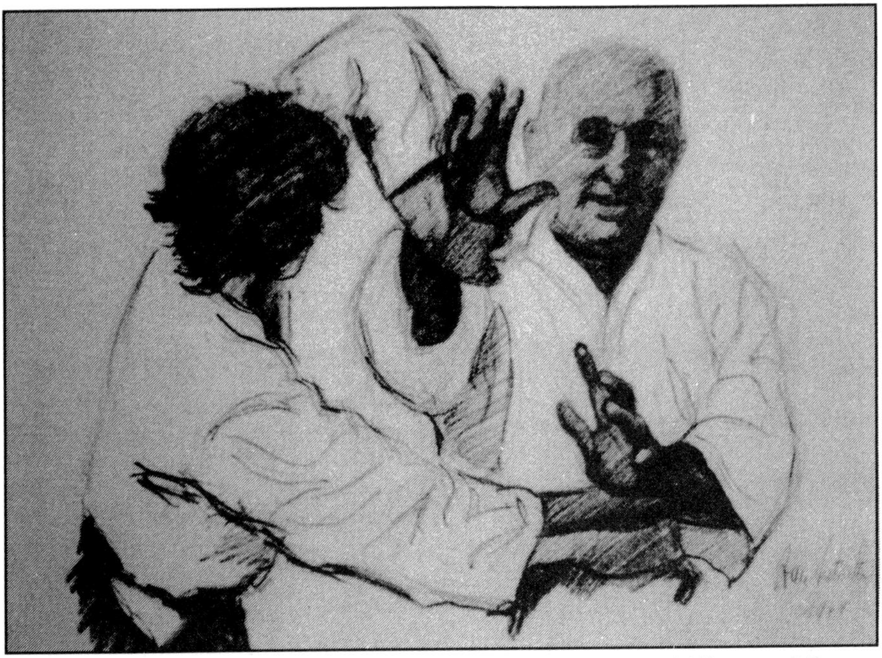

Abb. 33: Einleitung des Kokyu-nage (Atemkraftwurf). Ausgeführt von André Nocquet, 8. Dan.

Seite geworfen. Ziel der Übung ist die Optimierung und Koordination wesentlicher Elemente des Aikido sowie die Stärkung der Atemkraft und ihre effektive Übertragung auf den Angreifer.

Kokyu-ho (Irimi): Siehe unter: »Kata-tetori Kokyu-ho (Irimi)«.

Kokyu-ho (Tenkan): Siehe unter: »Kata-te-tori (Tenkan)«.

Kokyu-nage: Fähigkeit, den Angreifer durch Kokyu zu werfen. Fortschrittliche (meisterliche) Aikido-Verteidigungstechnik im Stand (Nage-waza, s.d.); Atemkraft-Wurf. Nage nimmt Uke durch spontanes und ergänzendes Sabaki (s.d.) auf und absorbiert (neutralisiert) dessen Angriffsenergie. Durch die daraus resultierende Gleichgewichtsbrechung (Kuzushi, s.d.) entsteht ein Kräftevakuum, das Nage durch den konzentrierten Einsatz seiner Atemkraft (Kokyu) explosionsartig ausfüllt. Der Angreifer wird ohne Hebel,

Abb. 34: Vollendung des Kokyu-nage, Atemkraftwurf.

Übersetzungen oder Verstärkungen (Druck auf Nervenpunkte, Atemi, s.d.) ausschließlich durch den Einsatz der Atemkraft (Kokyu) geworfen. Die effektive Ausführung dieser Wurftechnik bedingt eine sichere Beherrschung aller Elemente und Prinzipien des Aikido. - Anwendungsbreite siehe Prüfungsordnung für Dan-Grade.

Kokyu-roku: die wirkende (lenkende) Kraft, die aus dem wahren Kokyu entströmt.

Kokyu-ryoku: Neutralisation der Angriffskraft und ausnutzen der eigenen (Atem-) Kraft durch die Übung des Kokyu.

Kokyu-tanden-ho: eine Musubi-Übung (s.d.), in der der eigene Rhythmus der vitalen Energie mit dem des Partners in Einklang gebracht wird.

Kokyu-undo: Training von Techniken zur Entwicklung des Kokyu-roku (s.d.), in der sitzenden (Suwari-) o. stehenden (Tate-) Position; Einzel- oder Partnerübungen.

Konfuzius: bedeutender chinesischer Philosoph, lebte von 551 bis 479 v. Chr.; latinisierter Name des Kong tse oder Kong fu tse. Der Konfuzianismus (weltanschauliche und staatspolitische Geisteshaltung) hat wesentlich das jap. Sozialsystem geformt und gilt u.a. als eine der prägenden Grundlagen des Bushido (s.d.).

Kosa: überkreuzen, Kreuzung.

Kosa-dori: Kreuz-Griff.

Koshi/goshi: Hüfte, Taille.
Bedeutet auch: Fußballen, als Angriffs-»Waffe«, vom Knöchel abwärts, ähnlich

»Seiken« (s.d.). Wird benutzt, um einen Angreifer zu treffen, der frontal gegenüber steht.

Koshiki: formell, förmlich, antike Form.

Koshi-nage: Aikido-Verteidigungstechnik im Stand (Nage-waza, s.d.); Hüftwurf. Der Angreifer wird durch angepaßtes Sabaki (s.d.) aufgenommen und von Nage nach der Gleichgewichtsbrechung (Kuzushi, s.d.) durch den Einsatz der Hüfte (Koshi) aus dem Stand oder dem Kniestand (Za-ho, s.d.) geworfen. Uke absorbiert die Bewegungsenergie seines fallenden Körpers durch Mae- oder Yoko-ukemi (s.d.). -
Anwendungsbreite siehe Prüfungsordnungen für Kyu- und Dan-Grade.

Koshi-nage-hiji-garami: Aikido-Verteidigungstechnik im Stand (Nage-waza, s.d.); Armkreuzdreh-Hüftwurf. Im Unterschied zum Koshi-nage (s.d.) sind bei dieser Technik die Handgelenke des Angreifers beim Abwurf über die Hüfte (Koshi) unbeweglich gemacht (garami). Diese Haltung ergibt sich zwangsläufig bei Angriffen von hinten, wenn Nage den Angreifer während des Sabaki (s.d.) ständig mit sicherem Griff kontrolliert. -
Anwendungsbreite siehe Prüfungsordnung für Kyu-Grade.
Siehe Abb. 35.

Koshi-nage-kote-hineri: Aikido-Verteidigungstechnik im Stand (Nage-waza, s.d.); Handdrehhebel-Hüftwurf. Im Unterschied zum Koshi-nage (s.d.) setzt Nage bei dieser Technik bereits in der ersten Phase des Sabaki (s.d.) einen »unterstützenden« Kote-hineri (s.d.) ein. Dadurch werden sowohl die Gleichgewichtsbrechung (Kuzushi, s.d.) als auch der Abwurf über die Hüfte (Koshi) verstärkt. Diese Technik ist bei Faß- und Würgeangriffen von hinten auch bei körperlich starken Angreifern sehr wirksam. -
Anwendungsbreite siehe Prüfungsordnungen für Kyu- und Dan-Grade.

Kote: Handgelenk, Unterarm. Auch Tekan-setsu oder Te-kubi (s.d.) genannt. Bedeutet auch: Unterarm- und Hand-Schutzausrüstung im Kendo (s.d.).

Kote-gaeshi: Aikido-Verteidigungstechnik im Stand (Nage-waza, s.d.); Handgelenkaußendrehwurf. Nage übernimmt nach dem Eintreten oder Ausweichen (Sabaki s.d.) die Angriffs-(Waffen-)hand und führt sie auf einer durch die eigene Körperachse zentrierten Kreisbahn. Durch Veränderung der Position sowie der Kreisbahnebene entstehen Fliehkräfte, die das Gleichgewicht des Angreifers (Kuzushi, s.d.) stören. Dieser wird dann von Nage mit einer eintretenden (Irimi) Bewegung unter starker Beugung des Handgelenkes geworfen und kann am Boden festgelegt bzw. entwaffnet werden. Hinsichtlich des Einganges und der Ausführung sowie des Abwurfes oder der Neutralisation sind verschiedene Varianten möglich. -
Anwendungsbreite siehe Prüfungsordnungen für Kyu- und Dan-Grade.
Siehe Abb. 36.

Kote-gaeshi-ho: Einzelübung zum trainieren des Kote-gaeshi (s.d.).

Kote-gaeshi-undo: Vorübungen zur Stärkung der Handgelenke und wirksameren Ausführung des Kote-gaeshi.

Kote-giri: »schneiden« des Handgelenkes.

Stand-Techniken (Nage-waza):

Koshi-nage-hiji-garami gegen
Ushiro-ryo-te-tori
Prinzip: Irimi
Nage: Rolf Brand, 6. Dan
Uke: Ulrich Schümann, 4. Dan

1

4

5

8

9

Abb. 35: Koshi-nage-hiji-garami.

2

3

7

0

11

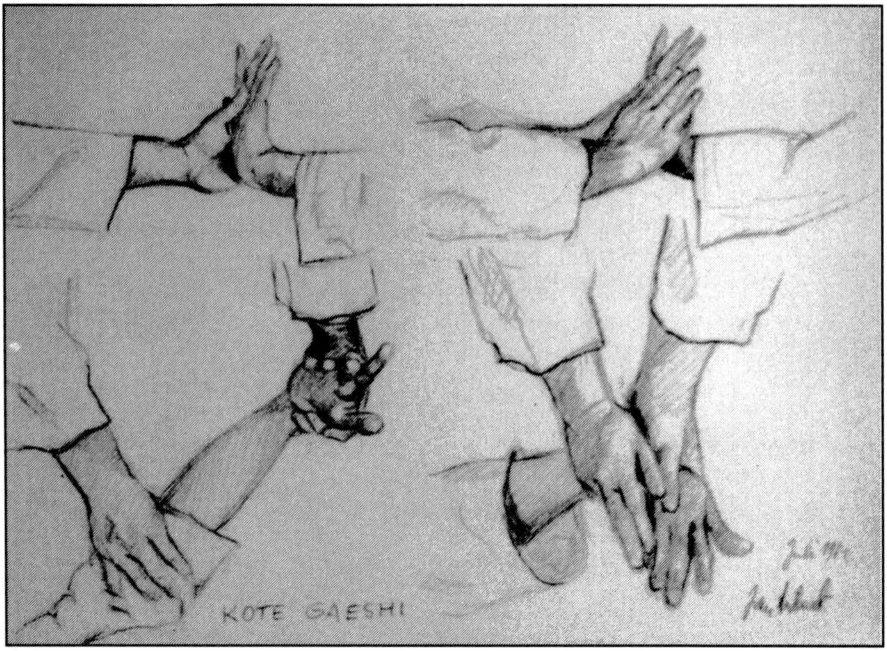

Abb. 36: Die Handgriffe beim Kote-gaeshi, Handgelenkaußendrehwurf. Zeichnung: Ivan Antonietti

Kote-hineri: 3. Aikido-Verteidigungstechnik am Boden (Katame-waza, s.d.); Handdrehhebel-Haltegriff. Der leicht gebeugte (abgewinkelte) Arm des Angreifers wird in seiner Längsachse so verdreht, daß die Hand- und Ellenbogengelenke blockiert sind und eine Gleichgewichtsbrechung (Kuzushi, s.d.) eintritt. Uke wird dann auf einer spiralförmigen Bahn auf den Boden geführt und durch den stehenden oder knienden Nage mit einer Hebeltechnik festgelegt. Führt der Angreifer eine Waffe, dann können sich die Techniken zur Entwaffnung anschließen. -

Anwendungsbreite siehe Prüfungsordnungen für Kyu- und Dan-Grade.
Siehe auch unter: »Sankyo«.

Kote-hishigi: Handgelenkhebel.

Kote-mawashi: 2. Aikido-Verteidigungstechnik am Boden (Katame-waza, s.d.); Armdrehhebel-Haltegriff. Die Hand- und Ellenbogengelenke des Angreifers werden durch Sabaki (s.d.) und sichere Führung in Z-Form abgewinkelt sowie so gedreht und verhebelt, daß eine schmerzhafte Gleichgewichtsbrechung (Kuzushi, s.d.) mit »Fall« nach vorne oder hinten eintritt, der eine Festhaltetechnik am Boden oder eine zwingende Öffnung der ,,Waffenhand'' folgt. -
Anwendungsbreite siehe Prüfungsordnungen für Kyu- und Dan-Grade.
Siehe auch unter: »Nikyo«.
Siehe Abb. 37.

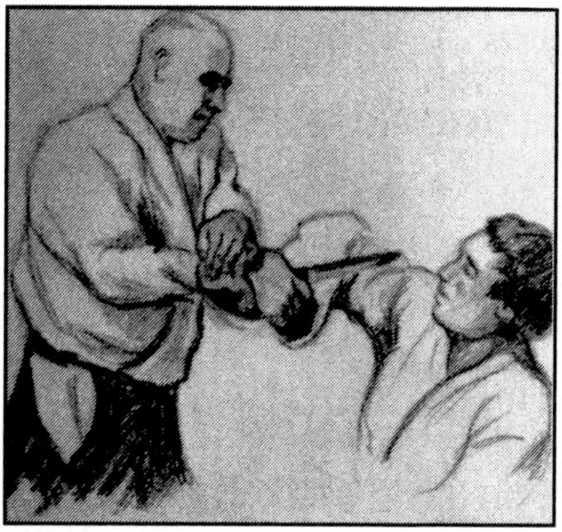

Abb. 37: Kote-mawashi, Armdrehhebel-Haltegriff.

Kotodama: »der Geist des Schwertes«; erfahrbar durch spirituelle Vibration in der Bewegung. Eine antike Shinto-Meditationsform (s.d.).

Kotsu: Geist, Wissen sowie Extrakt und Essenz des Trainings.
Siehe auch unter: »Do« und »Tao«.
Bedeutet auch: Kniff, Griff, Geschicklichkeit.

Ko-waza: Technikanwendung bei kleiner Reichweite, auf kurze Distanz.

Ku: Leere; sie existiert ohne Substanz und ist unsichtbar. Im Gegensatz zu: Shiki = das Sichtbare und Faßbare.
Bedeutet auch: Neun.

Kuatsu: siehe unter: »Katsu«.

Kubi: Hals, Nacken, Genick.

Kubi-shime/Yokomen-uchi: Angriffsart (Doppelangriff), Würgen mit schrägem Schlag von vorne. -
Anwendungsbreite siehe Prüfungsordnung für Kyu-Grade.

Kuchi: Mund, Maul.

Ku-Dan: 9. Meistergrad, roter Gürtel.

Kuden: mündliche Überlieferung von Wissen und Lehren (vom Meister an den Schüler, vom Älteren an den Jüngeren).

Kumi: nehmen, ergreifen, festhalten, Griff.
Siehe auch unter: »Dori«.

Kumi-iai: Schwertpraxis, bei der beide Partner ihr Schwert aus der Scheide ziehen, eine Bewegung damit ausführen und dann das Schwert zurückführen.
Siehe auch unter: »Iai-Do«.

Kumi-jo: »zusammen-flechten« der Jo (-Stäbe); Übungen Stock gegen Stock durch Anwendung fortschrittlicher Stocktechniken.

Kumi-tachi: »zusammen-flechten« der Schwerter; Übungen Schwert gegen Schwert durch Anwendung fortschrittlicher Schwerttechniken.

Kumite: Kampf, Wettkampf, Kampfschule, Kampftraining.

Ku-no-ji-giri: Schwerthieb in der Form einer- »9«.

Kurai: Geheimnis, inneres Sein.

Kurai-dori: »greifen« bzw. überwachen des gegnerischen Bewußtseins; geistige Kontrolle des Angreifers.

Kuro: schwarz.

Kuro-obi: schwarzer Gürtel, äußeres Zeichen der Graduierung eines Budo-Meisters; 1.-5. Dan-Grad.

Ko Soku Ze Shiki: buddhistischer Lehrsatz, bedeutet etwa: »Materie (Erscheinungen) ist Leere und Leere wird zu Erscheinungen«, wobei das Zeichen »ku« auch wie »kara« (Leere) ausgesprochen wird und »Wahrheit« bedeutet.

Boden-Techniken (Katame-waza):

Kote-hineri (sankyo) gegen
Ushiro-ryo-kata-tori
Prinzip: Irimi
Nage: Rolf Brand, 6. Dan
Uke: Ulrich Schümann, 2. Dan

12

15

16

19

20

Abb. 38: Kote-hineri.

3

14

7

18

22

Kuzure: Variation, Abart, »gelockerte« (variable) Technik.
Bedeutet auch: in zwei Teile zerbrochen, zerstören, aus dem Gleichgewicht bringen.

Kuzushi: Gleichgewichtsbrechung, labile Stellung. Bedeutendes Element des Aikido, das u.a.die Wirksamkeit jeder Technik bestimmt. In der Phase des Kuzushi kann der Angreifer seinen Körper und die körperlich geführten Waffen nicht mehr als »Werkzeug« seines agressiven Geistes einsetzen. Aus dieser »hilflosen« Stellung wird er mit einer »belehrenden« Technik (Wurf oder Hebel) entlassen oder am Boden fixiert.

Kyo: Gruppe (von Techniken), aufgeteiltes System.

Kyo-ju-dairi: techn. Assistent; hochgraduierter Meister des Daito-Ryu Aiki-Jujutsu von Takeda, Sokaku (s.d.).

Kyu: Rang, Klasse, Schülergrad. Rok-Kyu = 6. Schülergrad (weißer Gürtel), Go-Kyu = 5. Schülergrad (gelber Gürtel), Shi-Kyu = 4. Schülergrad (orangener Gürtel), San-Kyu = 3. Schülergrad (grüner Gürtel), Ni-Kyu = 2. Schülergrad (blauer Gürtel), Ik-Kyu = 1. Schülergrad (brauner Gürtel).

Kyudo: traditionelles jap. Bogenschießen.

✧

L

Lama (tibetisch): der Höherstehende; der religiöse Meister, dem der Schüler Achtung entgegenbringt (Begriff des tibetischen Buddhismus).

Laotse: Ehrenname (»der alte Meister«) des chin. Philosophen Li Po-yang. Er lebte von 604-520 v. Chr. und war neben Konfuzius (s.d.) einer der größten chin. Denker. Nach Laotse liegt die Vollkommenheit in der Vereinigung mit dem Tao (s.d.). Laotse formte den Menschen; Konfuzius formte den Staat.
Siehe auch unter: »Taoismus« und »Tao te king«.

Abb. 39: Laotse, chinesischer Philosoph.

Li (chin.) die kosmische Ordnung, das Absolute. Selbstachtung und Etikette als Verhaltensvorbild.

Lotos (Sanskrit): asiatisches Reinheits-Symbol (der Lotos-Blume), Wappen.
Bedeutet auch: Position, überkreuzte Beine, Meditations-Sitz, geeignet für Zazen (s.d.).
Siehe auch unter: »Agura«.

Lü-tsung (chin.) Schule der Disziplin im chin. Buddhismus (s.d.).

M

Ma: Zwischenpause.
Bedeutet auch: gerade, gerade nach hinten.

Ma-ai: harmonische Distanz (Entfernung), als optimaler (erfolgbestimmender) Abstand zwischen Nage und Uke. Wesentliches Element des Aikido, das insbesondere bei der Abwehr bewaffneter Angreifer wichtig ist.
Bedeutet auch: die Beherrschung (Kontrolle) der geistig-seelischen, räumlichen und zeitlichen Distanz zum Partner, als Grundvoraussetzung für »jede Art von Führung«.
Siehe auch unter: »Ai-hanmi« und »Gyaku-hanmi«.

Mae: vorne, vorwärts, frontal.

Mae-ashi: vorderes Bein, vorgestellter Fuß.

Mae-gi: den Abstand (Ma-ai, s.d.) schätzen.

Mae-ukemi: Aikido-Element, Vorwärtsfallen (-rollen).
Siehe auch unter: »Ukemi« und »Chugaeri«.

Make: verloren, Niederlage.

Make-kata: Verlierer.

Makeru: verlieren, besiegt werden, unterliegen.

Maki: einrollen, eindrehen (z.B. in eine Wurftechnik).

Makoto: Wahrheit, Aufrichtigkeit und Ehrlichkeit, als Prinzip des Aikido. Wahrhaftigkeit, als meisterliche Tugend und als technische Ausdrucksform.

Makoto-no-kokyu: Atem der Wahrheit; Atmungs-Meditationsform.

Makoto-no-michi: Weg der Wahrheit.

Mamoru: sich verteidigen, sich schützen. Sokogu-no-teki-wo-fusegu = das Vaterland gegen Feinde verteidigen. Bogyo = Verteidigung gegen äußere Gewalt. Bogyo-no-sochi = Verteidigungsmaßnahmen.

Manmae-kuzushi: Gleichgewichtsbrechen nach vorne.

Mannaka-ni-haite: Aufruf »in die Mitte der Übungsfläche kommen!«

Mantra (Sanskrit): »geistig erregt sein«; Bezeichnung für Zaubersprüche, magische Opferformeln und Gebete. Anrufen einer Gottheit. Silben oder Silbenkombinationen, der bei häufiger Wiederholung eine das Bewußtsein transformierende Kraft innewohnt.
Siehe auch unter: »Mudra«.

Manzoku: Zufriedenheit.

Maru: Kreis, Aikido-Prinzip.
Siehe auch unter: »Dokan« und »Enso«.

Marui: rund, kreisförmig, zirkulierend; als Grundprinzip der Aikido-Techniken.

Mate: Aufruf »warten!«, »lösen!«, »aufhören mit der Übung!«.

Ma-ushiro-kuzushi: Gleichgewichtsbrechen nach hinten.

Maware-hidari: (Technikausführung) links-herum.

Maware-migi: (Technikausführung) rechts-herum.

Mawaru: sich drehen, herumdrehen.

Mawashi: Halbkreis.

Me: Augen, vitaler (Atemi-) Punkt.

Men: Kopf, oberster Punkt.

Men-kyo: Zertifikat, Lehrer-Lizenz.

Men-kyo-uchi: höchstes Zertifikat (Diplom) für den fortgeschrittenen Meister.

Me-no-tsuke-kata: Stellung der Augen. Wichtig in der »Körpersprache« des Aikido.

Men-uchi: frontaler (Schwert-) Schlag auf die Stirn, von oben nach unten.

Metsuke: Blick, Wahrnehmung, Punkt der Beobachtung; »das Auge auf den Angreifer (auf etwas) richten«. Auge in Auge, ohne an einem bestimmten Punkt zu haften. Dies ermöglichst ein größeres Blickfeld und eine erweiterte Wahrnehmung.

Michi: Weg (im Sinne von Richtschnur), Grundsatz, Lehre, Philosophie (der große Weg hat keinen Anfang und kein Ende). Bedeutender und umfassender Begriff der jap. Geistesgeschichte. Der hieraus resultierende ethisch-moralische Aspekt ist Grundlage auch in den Budo-Disziplinen Judo, Karate-Do, Kendo, Aikido und Kyudo (s.d.).
Siehe auch unter »Do« (sino-jap.) und unter »Tao« (chin.).

Midori-obi: 3. Kyu-Grad, San-Kyu (grüner Gürtel).

Migi: rechts, nach rechts, rechte Seite.

Migi-atosumi-kuzushi: Gleichgewichtsbrechen nach rechts hinten.

Migi-eri-dori: ergreifen des rechten Revers des Partners.

Migi-jigotai: rechte Verteidigungsstellung.

Migi-ashi-dachi: Stellung mit dem Standbein rechts.

Migi-ashi-mae-kosa-dachi: Überkreuzstellung rechts.

Migi-kamae: Aikido-Element; rechte Vorwärtsstellung.

Migi-kokutsu-dachi: Rückwärtsstellung rechts.

Migi-maesumi-kuzushi: Gleichgewichtsbrechen nach rechts vorne.

Migi-shizentai: rechte Angriffsstellung, rechte natürliche Grundstellung.

Migi-yoko-kuzushi: Gleichgewichtsbrechen nach rechts.

Misogi: Shinto-Reinigungsritual (s.d.). Reinigung von Körper, Geist und Seele durch sprititueIle, asketische und meditative Praktiken; auch durch Wasser, durch Fasten, durch Atmung und Training, zur

Abb. 40: Japanisches Kanji-Schriftzeichen für den Begriff Misogi, als Prinzip der Reinigung.

Erreichung des Zieles: Körper und Geist zu vereinigen und damit zu vervollkommnen. O Sensei Ueshiba, Morihei (s.d.) sagte dazu: »Misogi wa keiko desu« = Training ist Reinigung.

Mitori-geiko: lernen mit den Augen; Training durch Beobachtung und Nachahmung (motosu = durchschauen).
Siehe auch unter: »Metsuke«.

Mizo-ochi: Solar-Plexus, »Sonnengeflecht«, vitaler (Atemi-) Punkt in der Brustmitte.

Mizi-no-kokoro: wörtlich »sein wie Wasser«, sich allem anpassend und doch alles formend.

Mochi: nehmen, ergreifen, Griff; mit den Händen festhalten.

Mochizuki, Hiroo: berühmter Karate- und Aikidomeister und -Pionier, 7. Dan Yoseikan, geb. 1936. Er führte ab 1964 des Aikido in Frankreich ein und entwickelte einen Randori-Kampf mit Punktevergabe.

Moko/Damaru: Schweigen. Nicht reden (sondern arbeiten).

Mokuroku: Katalog, Aufzählung von Techniken.
Bedeutet auch: Lehrer-Lizenz (Diplom).

Mokuso: Meditation, Konzentration, »schweigendes Denken«. Kommando des Lehrers beim Trainingsbeginn und am Ende im Za-ho (s.d.).
Mokuso-yama: Ende der Konzentration (Augen wieder öffnen).

Mokuteki: Ziel, Zweck, Motivation. Zur Dojo-Ethik gehörend.

Mokuto: wörtlich »still beten«; absolute Konzentration bei der Ausführung einer Technik oder bei der Meditation.

Mondo: Lehrgespräch; regelmäßige Zusammenkunft aller Mitglieder eines Dojos mit ihren Lehrern zum Zwecke des persönlichen Kennenlernens. Besprechung wichtiger Dinge und »geistiger Fragen«. Sammlung, Konzentration, Meditation, Zen-Dialog zwischen Meister und Schüler.
Siehe auch unter: »Koan«.

Montei: Lehrling, Lernender der Budo-Disziplinen.
Siehe auch unter: »Deshi«.

Morote: beidseitig, mit beiden Händen. Morote-awase-uchi = beidhändiger Schlag. Morote-awase-uke = beidhändige Abwehr, Morote-awase-zuki = beidhändiger Stoß.
Bedeutet auch: begeistert zustimmen.

Morote-dori: Angriffsart; Griff mit beiden Händen zum rechten und linken Handgelenk des Partners.
Siehe auch unter: »Kata-te-ryo-te-dori«.

Morote-waza: Oberbegriff für alle Grundtechniken zur Verteidigung gegen zwei gleichzeitige Angriffe mit beiden Händen (Kata-te-ryo-te-dori). -
Prüfungsfach bei der Prüfung zum 5. Dan. Anforderungen siehe Prüfungsordnung für Dan-Grade.
Siehe auch unter: »Ni-nin-gake«.

Moto-no-ichi: Aufruf »zurück zur Ausgangsposition!«.

Mu: das absolute Nichts; nicht verhaftet sein (gilt im materiellen und geistigen Sinne), Leere, als Voraussetzung zur Erlangung des Satori (s.d.). Die formlose Form des Dharma (s.d.); chin. = Wu (s.d.).

Mudansha: Träger eines Kyu- (Schüler-) Grades, Lernender. Im Gegensatz zu Yudansha = Träger eines Dan- (Meister-) Grades.

Mudo: »Weg des Nichts«; Prinzip der Geistesgegenwart, bei dem »kein Hauch zwischen Denken und Handeln« besteht, wenn es darum geht, mit der Praxis in unmittelbare Wechselwirkung zu kommen, um aus ihr selbst, aus der aktuellen Wirklichkeit, die Orientierung zu gewinnen. Dieser Kern der Budo-Disziplinen ist nicht an eine bestimmte Technik gebunden; er kann auch im Alltag verwirklicht werden.

Mudra (indisch): Siegel, Zeichen, Merkmal. Bestimmte Hand- und Fingerstellungen von magischer, mystischer und symbolischer Kraft und Bedeutung. Sie sind körperlicher Ausdruck eines bestimmten Bewußtseinszustandes. Diese Fingerzeichen werden auch im jap. Buddhismus (s.d.) benutzt und sollen, zusammen mit den Mantras (s.d.), die Wirksamkeit des vorgetragenen Rituals sichern.

Abb. 41: Mudra-Fingerzeichen Uchi-jishi-in = innerer Löwe.

Muga: Selbstlosigkeit, diszipliniertes Ego, als meisterliche Tugend.

Mune: Brust, Brustkorb.
Bedeutet auch: Rückseite des Schwertes.

Munen-muso: Verteidigung (Aktion), »ohne Vorstellung, ohne Gedanken«; im westlichen Sinne: Antizipation, Spontanität. Buddhistischer Begriff: »Nicht-Ich« (»Es« handelt). Jede Verteidigung erreicht in diesem Zustand die vollkommene Natürlichkeit.

Mune-tori: Angriffsart, Griff am Jacken-Revers.

Mune-zuki: Angriffstechnik; gerader Stoß zum Brustkorb (Solar Plexus).

Musashi, Miyamoto: berühmter jap. Schwertkämpfer und Samurai; historisch-authentische Gestalt, lebte von 1584 bis 1645. Zen-Philosoph und »Beschützer des einfachen Volkes«. Autor des »Go-rin-no-sho« (s.d.).

Abb. 42: Schwertkämpfer Musashi, Miyamoto.

Musha Shugyo: »Irrfahrt«, Umherschweifen, Wandern des Samurai (s.d.) oder des Budoka (s.d.), von einem Dojo (s.d.) zum andern, um sich an wechselnden Gegnern oder Partnern zu messen bzw. andere Systeme, Stilrichtungen und Lehrer zu studieren.

Mushin: absolute Gelassenheit, Absichtslosigkeit (Es, das Unbewußte, wirft). Abgeschiedenheit des Geistes, Unschuld.

Mushin-Do: Weg des unerschütterlichen Gleichmutes; unbeteiligt, unberührt, ohne jegliche Gefühlsbewegung.
Siehe auch unter: »Mu«.

Mushin-mu-gamae: leerer, offener Geist oder (empfangende) Körperhaltung. Gebräuchliche Bezeichnung von Tomiki, Kenji (s.d.).

Musho-toku: das »Nichteinkommen«, d.h. kein Gewinnstreben in der Auseinandersetzung (und im Leben); nicht materielles, sondern ideelles Handeln.

Musubi: Knoten, Schleife, Spirale. Bedeutet auch:vereinigen, (harmonisch) zusammenführen.

Musubi-dachi: Normalstellung mit geschlossenen Fersen. Abwartende, formlose Bereitschaftsstellung.

Myoyo: geistige Kenntnisse, Wissen, mentale Fähigkeiten.

N

Nagare: fließen, strömen. Die ununterbrochene Anwendung von »Ki« (s.d.) während der Ausführung einer Aikido-Technik.

Nagare-gaeshi: zwei Schläge in fließender Bewegung (Aufeinanderfolge) ausführen.

Nafuda-kake: Namensbrett, Hinweisschild im Dojo (s.d.).

Nage: werfen, Wurf.
Bedeutet auch: Abwehrender, Werfender, Angegriffener.
Siehe auch unter: »Tori«.

Nage-waza: Oberbegriff für alle Aikido-Wurftechniken im Stand und Kniestand (Hanmi-hantachi), s.d. - (Über-)Prüfungsfach bei Prüfungen ab 5. Kyu. Anforderungen siehe Prüfungsordnungen für Kyu- und Dan-Grade.
Siehe auch unter: »Tachi-waza« und »Te-waza«.

Abb. 43: Naginata-Kämpfer.

Naginata: Lanze mit krummer Klinge an der Spitze; Hellebarde. Bevorzugte Waffe der weiblichen Samurai; heute Trainingsgerät der japanischen Frauen im Naginata-Do (Weg der Naginata).

Nai-kan-kyo: Ruhe und Bewegung. Der Blick nach innen, während des Trainings. Konzentration auf die prägenden Inhalte des Weges (Do).

Nakae: Aufforderung »zur Mitte« (der Übungsfläche).

Nakajo: ältere Bezeichnung für »Nikyo« (s.d.).

Naname-ni: schräg, diagonal, quer zur Übungsfläche.

Narabi: Aufstellung, Reihe, Seite an Seite.

Natsu-geiko: extremes Sommertraining, zur Mittagszeit und bei größter Hitze (Natsu = Sommer).
Siehe auch unter: »Shuchu-geiko«.

Nehan: jap. Bezeichnung für: »Nirwana« (s.d.).

Nen: Konzentration, Blick auf einen (bestimmten) Punkt.

Ne-waza: Gruppe der Bodentechniken im Judo. Im Aikido: Katame-waza (s.d.).

Ni: Zwei.

Ni-Dan: 2. Meistergrad, schwarzer Gürtel.

Nihon/Nippon: Japan.

Nihon-Aikido-Kyokai: Japanischer Aikido-Verband.

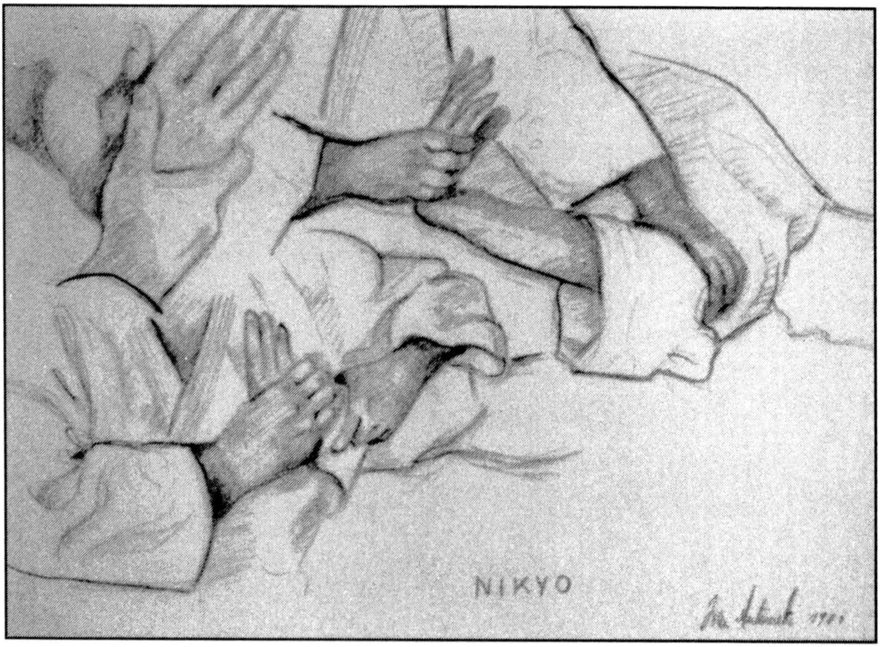

Abb. 44: Die Handgriffe beim Nikyo, Armdrehhebel-Haltegriff. *Zeichnung: Ivan Antonietti*

Nihon-zenshin-zengo-kiri: Grundbewegung der Schwertkunst (zwei Schritte vorwärts, drehen und schneiden).

Nikyo: zweite Bewegung, zweite Technik. 2. Aikido-Verteidigungstechnik am Boden (Katame-waza, s.d.); Armdrehhebel-Haltegriff.
Siehe auch unter: »Kote-mawashi«.

Ni-Kyu: 2. Schülergrad, blauer Gürtel.

Ni-nin-dori: Freistil-Aikido mit 3 Partnern, im Tomiki-Aikido (s.d.).

Ni-nin-gake: Nage (s.d.) wird von zwei Partnern am linken und rechten Handgelenk festgehalten.
Siehe auch unter: »Morote-waza«.

Ninjutsu: ein umfassendes System verschiedener Angriffs- und Verteidigungskünste sowie ergänzende Techniken (z.B. Klettern, Täuschen, Tarnen). Technische und geistige (erzieherische) Grundlage für die Ausbildung der Ninja, die Spezialaufträge übernahmen und kompromißlos ausführten.

Nin/Shinobu: Geduld, mit sich selbst und mit anderen.

Nirwana (Sanskrit): erlöschen, verwehen; Auflösung des menschlichen Seins als erhoffter Endzustand des gläubigen Buddhisten (s.d.). »Himmel der Buddhisten«. Ins Nirwana geht nach langer und leidvoller Seelenwanderung derjenige ein, der alle irdischen Begierden in sich abgetötet hat und nicht mehr wiedergeboren wird. Jap: Nehan.

No: der, des (sprachl.: Genitiv).

Nocquet, André: führender europäischer Aikido-Meister und -Pionier (8. Dan-Aikido und 4. Dan-Judo), geb. 1914. Er war von 1955 bis 1957 direkter Schüler des Aikido-Begründers O Sensei Ueshiba, Morihei (s.d.) und wurde von diesem mit der Verbreitung des Aikido in Europa beauftragt. In der Verfolgung dieser Pflicht gründete er in Frankreich einen nationalen Aikido-Verband und führt seither in vielen europäischen Ländern regelmäßig Lehrgänge für hochrangige Aikidoka aus. Nocquet war langjähriger Technischer Direktor der 1972 gegründeten Union Européenne d'Aikido (UEA) und ist deren amtierender Präsident. Seit 1977 ist er auch Ehrenpräsident des Deutschen Aikido-Bundes e.V. und hat dessen Gründung vorbehaltlos gefördert und seine technische Entwicklung beeinflußt. Leben und Wirken des Nocquet sind durch eine strenge geistige Bindung an seinen verstorbenen Lehrer Ueshiba bestimmt. Er gilt daher als überzeugter und

Abb. 45: Aikido-Pionier Nocquet, André, 8. Dan Aikido.

konsequenter Verfechter des klassischen Aikido. Wegen seiner menschlichen und fachlichen Qualitäten ist Nocquet ein geachteter Lehrer vieler ranghoher europäischer Aikido-Meister. Für seine besonderen Verdienste um die Verbreitung des Aikido in Europa wurde er vielfach geehrt und ausgezeichnet. So wurde er 1982 in Frankreich zum »Chevalier de l'Ordre National du Mérite« ernannt.

Nogare-Kata: Ausweich-Methode; Form des Rückzuges, des Entkommens, des Flüchtens (vor einem Angriff). Auch »Nagare-ru« genannt.

Nomi-no-Sukune: legendärer Begründer und Ur-Vater des damaligen, antiken Jiu-Jitsu; erwähnt in der jap. Chronik »Kojiki« (s.d.).

Abb. 46: Nomi-no-Sukune, legendärer und sagenumwobener erster japanischer Jiu-Jitsu-Kämpfer.

Nunchaku: Trainingsgerät (-Waffe) im Kobudo (s.d.); Dreschflegel. Zwei kurze Stöcke, die mit einer Kordel (oder Kette) miteinander verbunden sind.
In Deutschland: verbotener Gegenstand im Sinne des Waffengesetzes (§ 37).

O

O: groß, z.B. O-soto-gari = Große Außensichel (Fußwurftechnik im Judo).

Obi: jap. Kleidungsstück, Schleifengürtel; wird über dem Kimono (s.d.) getragen und mit einer kunstvollen Schleife auf dem Rücken zusammen gehalten. In den Budo-Sportarten: Rangbezeichnung des Ausübenden.
Shiro-obi = weißer Gürtel.
Kiro-obi = gelber Gürtel.
Daidaiiro-obi = orangener Gürtel.
Midori-obi = grüner Gürtel.
Aori-obi = blauer Gürtel.
Chairo-obi = brauner Gürtel.
Kuro-obi = schwarzer Gürtel.
Shima-obi = rot-weißer Gürtel.
Aka-obi = roter Gürtel.

Obi-tori: ergreifen des Gürtels, Griff am Gürtel. z.B. 11. Technik der Ju-no-Kata im Judo.

O-chuga-eri: große Rolle vorwärts, Fallübung mit sofortigem Aufstehen.
Siehe auch unter: »Chuga-eri« und »Mae-ukemi«.

Oikomi-geiko: stürmische Übungs- bzw. Angriffsform, um den Partner in Bedrängnis zu bringen.

Oji-gaeshi: Abwehr, Parade.

Oji-waza: Gruppe von Verteidigungs- und Gegentechniken. Verkettung entsprechender Aikido-Techniken.

Okuri: nachschicken, nachsenden, begleiten, verbunden sein mit.

Okuri-ashi: gleitender nachsetzender Schritt aus Hidari- oder Migi-kamae (s.d.).

Omoi-yari: das Hineindenken in die Gefühle und das Sicherheitsbedürfnis des Partners.

Omote: frontal, vorne, vorwärtsbewegen, Vorderseite, Front. Als Gegensatz zu »Ura« = rückwärtsbewegen (s.d.). Synonym (bedeutungsgleich) mit den Begriffen »Irimi« und »Tenkan« (siehe jeweils dort).

Omote-waza: Gruppe von Techniken, bei denen Uke von vorne (frontal) angreift.

Omoto: wörtlich »Der große Ursprung«; jap. Religion (Sekte), gegründet Ende des 19. Jahrhunderts von Frau Deguchi, Nao (s.d.). Auch Ueshiba, Morihei (s.d.) war ein Anhänger dieser Religion und Philosophie ab 1919 bis zu seinem Tode. Siehe auch unter: »Chinkon-kishin«.

Osae: halten, unbeweglich machen, Immobilisation.

Osae-komi: Oberbegriff für Haltegriffe. Bedeutet auch: »ich halte ihn unter Kontrolle«.

Osae-komi-waza: Gruppe der Haltegriff-Techniken, wie z.B. Ikkyo/Ude-osae. Siehe auch unter: »Katame-waza«.

O Sensei: Großer Meister, Lehrer, Ehrentitel für Begründer von Budo-Sportarten, wie z.B. O Sensei Ueshiba, Morihei, Begründer des Aikido (s.d.).

Oshi-ego: Schüler, Lernender, Studierender.

Oshiki-uchi: antike Bezeichnung für verschiedene jap. Kriegskünste; später verwendet im Daito-Ryu Aiki-Jutsu (s.d.) von Meister Takeda, Sokaku (s.d.).

Otokogi: Ritterlichkeit, Tapferkeit.

Otoshi: fallen, fallenlassen, Wurf, Sturz. Bedeutet auch: die Falle.

Oyo-waza: Gruppe der angewandten Techniken.

P

Patona: Partner.

Prajna (Sanskrit): die Vollkommenheit der Erkenntnis als transzendentale Weisheit.

Prana (indisch): Leben, Atem; grundlegende Lebensenergie.
Siehe auch unter: »Ki«.

Pranayama (indisch): Atemtechnik zur Ansammlung von Prana (s.d.) im Körper, zur Reinigung der Kanäle innerer Energie und zur meditativen Schulung.

Puro: Berufssportler, Profi.

R

Ran: locker, gelockert, frei, zwanglos.

Randori: Übungsform; freies Training mit vorgegebenen oder wechselnden Angriffen und freien Verteidigungstechniken ohne Widerstand des Partners (Ju-no-geiko, s.d.). Ein Ausführender (Nage) steht einem oder mehreren Angreifern (Uke) gegenüber. Im Verlaufe des Randori findet kein »Rollenwechsel« zwischen Nage und Uke statt. Randori wird im klassischen Aikido zur Prüfung (Kontrolle) des Grades der Verinnerlichung (Automatisierung) von Elementen, Techniken und Prinzipien sowie des antizipativen Verhaltens von Nage praktiziert. Dabei wird zur Wahrung von Idealen des Aikido (z.B. Harmonie, Liebe, Friedfertigkeit, Verhältnismäßigkeit) auf jede Form der vergleichenden Bewertung verzichtet. - Prüfungsfach bei Prüfungen zum 2. und 1. Kyu. Gradbezogene Angriffsarten siehe Prüfungsordnung für Kyu-Grade.

Abb. 47: Randori, freies Training.

Dagegen kennt das Tomiki-Aikido (s.d.) zwei verschiedene Arten des Randori, nämlich: 1. Toshu-Randori (s.d.), bei dem die Partner wechselseitig angreifen und verteidigen; 2. Tanto-Randori (s.d.), bei dem ein Partner mit dem Messer (Tanto, s.d.) bewaffnet ist. Bewertungspunkte werden in beiden Formen für gute Angriffs- und erfolgreiche Verteidigungstechniken vergeben.

Randori-kyo-ghi: zwei unbewaffnete Partner »kämpfen« (im Tomiki-Aikido, s.d.) gegeneinander.

Rei: biegen, biegsam, Bogen.
Bedeutet auch: Verbeugung, Gruß, Begrüßung (als Sinn des Budo, s.d., und als Ausdruck der Höflichkeit und Verehrung). »Rei ni hajimare, rei ni owaru« = Beginnt mit der Begrüßung und endet mit der Begrüßung!

Reigi: Umgangs- und Höflichkeitsformen, als Ausdruck des Respektes vor den kreativen und geistig-seelischen Fähigkeiten eines Menschen sowie seiner ganzheitlichen Integrität.

Rei-gishaho: Etikette, Höflichkeit.

Rei-ho: die Technik und zeremonielle (rituale) Form des Verbeugens und Begrüßens.
Siehe auch unter: »Za-rei« und »Ritsu-rei«.

Renshu-shimasu: trainieren, üben.

Renzoku: Kombination, Verkettung, Verbindung, Übergang, Aufeinanderfolge, weitermachen, fortfahren, verlängern (von Bewegungen und Techniken).

Renzoku-uchi-komi: ständiges, abwechselndes schlagen nach rechts und links und nach vorne mit dem Jo (-Stab) oder dem Schwert.

Renzoku-waza: Gruppe sämtlicher Verkettungen (Fortsetzungs- und Kombinations-Techniken) im Aikido nach einem einleitenden Angriff, wie z.B. Yokomen-uchi = Shiho-nage / Irimi-nage oder auch: Shomen-zuki = Kote-mawashi / Kote-hineri.

Riai: Wechselwirkung und Beziehung untereinander, z.B. zwischen dem Gebrauch des Schwertes (Ken, s.d.) und des Stockes (Bo, s.d.).

Rikaku: natürliche Stellung, mit einer gewissen Distanz zum Partner.
Siehe auch unter: »Mai-ai«.

Rikaku-tai-sei: von Tomiki, Kenji (s.d.) verwendete Bezeichnung für eine Technik, die bei weitem Abstand der Partner zueinander ausgeführt wird.

Rio: siehe unter: »Ryo«.

Rippo: Gesetzgebung.
Bedeutet auch: Kokyu-Training (s.d.), wobei Nage mit seiner Atemkraft seinen Partner wirft, der ihn am Handgelenk festhält.

Ritsu-rei: höflicher Gruß, Verbeugung im Stehen.
Siehe auch unter: »Rei«, »Za-rei«, »Seiza« und »Tai-za«.

Rokkotsu: Rippen.

Roku: sechs.

Roku-Dan: 6. Meistergrad, rot-weißer Gürtel (Shima-obi).

Abb. 48: Ritsu-rei, die Verbeugung im Stehen.

Roku-Kyu: 6. Schülergrad, weißer Gürtel (Shiro-obi).

Roshi: alter Meister, Ehrentitel für einen Menschen mit tiefer Zen-Erfahrung, Zen-Meister.

Ryo: zwei, beide, doppelt.

Ryo-hiji-dori: Angriffstechnik, Griff beider Ellenbogen (Ärmel).

Ryo-kata-dori: Angriffstechnik, Griff an beiden Schultern.

Ryoku: Energie, Kraft (-entfaltung).
Siehe auch unter: »Chikara«.

Ryo-te: zwei Hände, mit beiden Händen.

Ryo-te-dori: Griff beider Hände.

Ryo-te-mochi: halten mit beiden Händen.

Ryu: Fachrichtung, Stilrichtung, Schulungsmethode, Art.

Ryu-gi: Schule, Methode.

Ryu-no-geiko: fließende, gleitende Übungsform, bei der Nage die Angriffsenergie von Uke aufnimmt und bis zur Gleichgewichtsbrechung (Kuzushi, s.d.) verstärkt.
Siehe auch unter: »Ki-no-nagare«.

Ryutsu-suru: fließend, gleitend, zirkulierend.

✧

S

Sabaki: Aikido-Element. Drehen, sich verteidigen, ausweichen, vereiteln. Oberbegriff für alle Formen der Bewegung und des Gehens.
Siehe auch unter: »Shintai«.
Ashi-sabaki = das gradlinige Gehen durch Gleitschritte (in Migi- oder Hidari-kamae, s.d.). Tai-sabaki (s.d.) = das kreisförmige Gehen durch Beistellschritte. Auch: Bewegung im Gleichgewicht, Körperdrehung. Ashi- und Tai-sabaki können miteinander verbunden werden, um den richtigen Abstand Ma-ai (s.d.) zu erreichen.

Sagaru: zurückweichen, ausweichen.

Sai: gabelförmiger Dreizack aus Metall; Trainingsgerät (-Waffe) im Kobudo (s.d.).

Abb. 49: Saito, Morihiro. Autor vieler Aikido-Fachbücher.

Saito, Morihiro: Leiter und führender Meister des Ibaragi-Dojo in Iwama, Japan. Geb. am 31.3.1928; heute Träger des

8. Dan-Aikido. Ab 1946 direkter Schüler des Aikido-Begründers, O Sensei Ueshiba, Morihei (s.d.). Saito ist Autor vieler Fachbücher, u.a. die Bände 1-5 »Traditional Aikido«.

Samurai: wörtlich »der Dienende, der Vasall« (Goshozamurai). Japanischer Ritter der Feudalzeit, während der Shogun- und Daimyo-Dynastie (1192 bis 1867 n. Chr.). Ursprüngliche Bezeichnung für das bewaffnete Schutzpersonal kaiserlicher Gemahlinnen, Prinzen und des hohen Adels. Später gleichbedeutend mit Krieger. Sino-jap.: »Bushi« (s.d.).

Abb. 50: Samurai in Bereitschaftsstellung.

San: Frau oder Herr (als Anrede), hinter dem Namen, z.B. Nagaoka San.
Bedeutet auch: drei.

San-Dan: 3. Meistergrad, schwarzer Gürtel.

Sangen-hachi-riki: wörtlich »der Körper ist ausgestattet mit Macht«.

Sankaku: Dreieck, Triangel.

Sankaku-tai: geometrische Figur der Stabilität; Dreieck-Stellung der Füße.

San-kyo: dritte Bewegung, dritte Technik. 3. Aikido-Verteidigungstechnik am Boden (Katame-waza, s.d.); Handdrehhebel-Haltegriff.
Siehe auch unter: »Kote-hineri«.
Siehe Abb. 52.

Abb. 51: San-kyo (3. Form), mit dem Stock. Ausgeführt von André Nocquet, 8. Dan.

San-kyo-undo: Vorübungen zum Sankyo (s.d.), bei der das Handgelenk in der senkrechten Achse gedreht wird. Ziel: Stärkung (Lockerung) der betroffenen Gelenke.

San-Kyu: 3. Schülergrad, Midori-obi (grüner Gürtel).

Sashin-yutai: vorgehen mit dem linken Fuß und nachziehen des rechten Fußes. Standardbewegung aus der Gehschule.
Siehe auch unter: »Tsugi-ashi« und »Shintai«.

Satori: Seinsweise im Zen (s.d.); einmalige oder dauernde Erleuchtung (Sanskrit = Bodhi); Zustand, Leere (Ku), Endphase. Aufhebung jeglicher Unterschiedlichkeit; Erlangung der ursprünglichen Reinheit; das Absolute. Zu erreichen durch Meditation.
Siehe auch unter: »Kensho«.

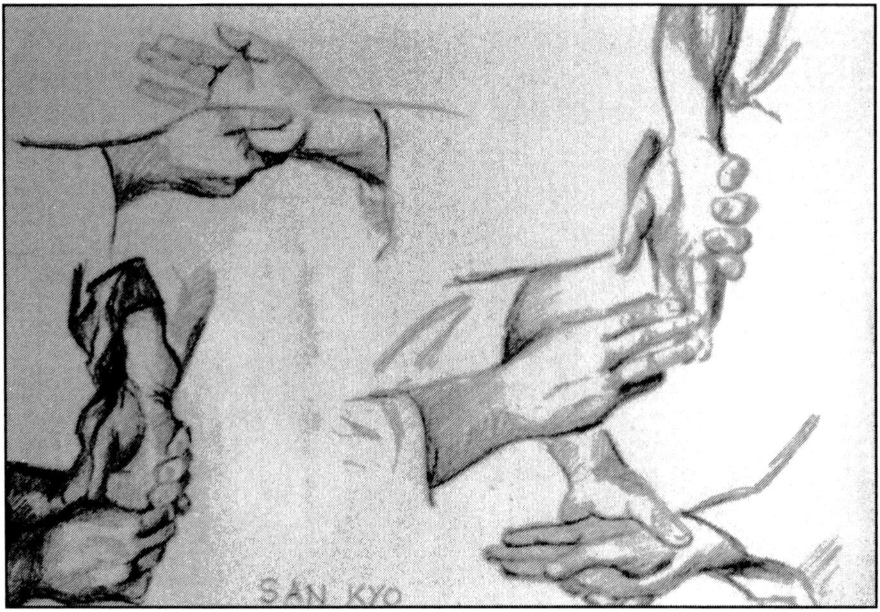

Abb. 52: Die Handgriffe beim Sankyo, Handdrehhebel-Haltegriff. Zeichnung: Ivan Antonietti

Satsu-jin-ken: Sieg über einen Gegner; Vernichtung des Feindes. Wird im Aikido als Ziel kategorisch abgelehnt, denn im Aikido dominiert der Sieg des Friedens über die Gewalt.

Saya: Scheide des Schwertes, Futteral.

Sayu: Bewegungen nach links und rechts.

Sayu-undo: Training der Bewegungen nach links und rechts.

Sei: Inaktivität, Ruhe und physisches Gleichgewicht.
Bedeutet auch: richtig.

Seika-no-itten: Kraftzentrum im Unterleib.
Siehe auch unter: »Hara«.

Seika-Tanden: Bauch, Punkt ca. zwei fingerbreit unterhalb des Nabels.
Siehe auch unter: »Hara«.

Sei-ki: vitale Kraft durch geistige Energie.

Sei-men: Leben; wer Ki und Kokyu (s.d.) beherrscht, besitzt das Leben.

Sei-za: wörtlich »still sitzen«; asiatische Form des Sitzens auf den Fersen, knieende Position. Shikantan-za = »nichts als nur sitzen«.
Siehe auch unter: »Tai-za«.

Sempai: der Ältere, Tutor (= Herrscher, Aufpasser) des Schülers (Kohai, s.d.).

Sen: dem Angriff zuvorkommen.
Bedeutet auch: aus eigener Kraft, Geist.

Senaka: Rücken.

Senaka-no-undo: Rückengymnastik mit Partner.

Senki: Geist des Kriegers.

Sen-no-sen: die vom Budoka (s.d.) angewendete Kraft. Ein geistiger Zustand; die höchste Form der Initiative durch Einsatz von Seele und Geist, Technik und Kraft in den Kampfkünsten und Budo-Disziplinen.
Bedeutet auch: direkter Angriff »im rechten Augenblick«.
Siehe auch unter: »Irimi«.

Sensei: übliche jap. Anrede für Professoren, Lehrer, Meister und Ärzte. Oft auch ranghöchster Danträger im Dojo (s.d.).

Sensei-ni: Kommando »Ausrichten der Anwesenden zum Lehrer«.

Sensei-(ni)rei: Kommando »Gruß der Anwesenden zum Lehrer«.

Sen-sen-no-sen: dem Angreifer zuvorkommen. Verteidigen in dem Augenblick, wenn die Angriffsabsicht des Gegners noch nicht durch seine Bewegung zu erkennen ist, durch intuitive Reaktion.
Siehe auch unter: »Irimi«.

Sen-shin: ein reines Herz und ein geläuterter Geist, als wesentliche Voraussetzung für »Satori« (s.d.).

Seoi: Schulter, Rücken.

Sesshin: eine Zeit intensiven Za-Zen-Trainings (s.d.). Ein oder mehrere Tage gemeinsam Leben; Konzentration und Ruhe im Dojo (s.d.). Man übt 4 bis 5 Stunden Za-zen pro Tag, unterbrochen von Vortrag (Mondo, s.d.), Arbeit (Samu) und den Mahlzeiten.

Shaku: Elle, Ellenbogen.
Siehe auch unter: »Hiji«.

Shaolin (chin.): bekanntes chinesisches Kloster und Tempel, in der Fukien-Provinz gelegen; berühmt durch die Wahrung und Verbreitung traditioneller östlicher Kampfkünste. Hier lebte ca. 500 n. Chr. Bodhidharma (s.d.), der ursprüngliche Schöpfer des chin. Boxens.

Shi: Krieger, Ritter, Herr.
Bedeutet auch: vier.

Shiai: Wettbewerb, Wettkampf, Turnier. Diese widersprechen nach verbreiteter Auffassung dem Geist und der Lehre des Aikido; sie werden jedoch im Tomiki-Aikido (s.d.) praktiziert.

Shiatsu: jap. Heilmassage und Fingerdruck-Therapie. Die Techniken werden an Körperstellen ausgeübt, die oft auch mit den vitalen Punkten (= Atemi, s.d.) übereinstimmen.

Shibucho: Direktor, z.B. in einem Dojo (s.d.).

Shichi: sieben.

Shichi-Dan: 7. Meistergrad, rot-weißer Gürtel.

Shi-Dan: 4. Meistergrad, schwarzer Gürtel.

Shido: Beobachtung, Bemerkung, aufmerksam machen, geistige Einstellung.
Siehe auch unter: »Bushido«.
Bedeutet auch: Bestrafung für Inaktivität im Wettkampf.

Shido-geiko: Übungsform; der bessere Aikidoka (s.d.) beobachtet und trainiert den schwächeren.

Shidoin: Lehrer, Trainer (der den 3. Dan besitzt).

Shihan: Titel für einen hohen Würdenträger, Vorbild, Meister, Lehrer, Doktor, Professor. Höchster von drei Titeln (1. Fuku-Shidoin, 2. Shidoin, 3. Shihan).

Shiho: vier Ecken, die vier Himmelsrichtungen, von allen Seiten.
Bedeutet auch: die Weitergabe und Überlieferung der Lehre und Wahrheit vom Meister zum Schüler.

Shiho-giri: Übungsablauf, ausgeführt in den 4 Himmelsrichtungen.
Bedeutet auch: die 4 Grundbewegungen, mit dem Schwert zu schlagen und in 4 Richtungen zu werfen.

Shiho-hai: Ritual der Shinto-Religion (s.d.); Hochachtungsbezeugung in 4 Richtungen, entsprechend dem Shiho-giri (s.d.), als Ausdruck des Respektes vor dem Universum, den Eltern, der Natur und vor den Mitmenschen.

Shiho-nage: Aikido-Verteidigungstechnik im Stand (Nage-waza, s.d.); Vierseitenwurf (Schwertwurf). Nage übernimmt nach dem Eintreten oder Ausweichen (Sabaki s.d.) die Angriffs-(Waffen-)hand und führt sie in natürlicher Beugerichtung des Hand- und Ellenbogengelenkes auf einer spiralförmigen Bahn um sein Körperzentrum (Hara, s.d.) zum Rücken des Uke und anschließend in Richtung auf den Boden. Der Abwurf ist in alle Aikido-Grundrichtungen (Shiho) sowie in Irimi und Tenkan (s.d.) möglich. Wegen des übereinstimmenden Bewegungsablaufes mit der Grundform des Schwertziehens und -schlagens wird die Technik auch als »Schwertwurf« bezeichnet. Der Angreifer kann durch starke Beugung des Handgelenkes oder Verhebelung des Armes am Boden festgelegt bzw. entwaffnet werden. -

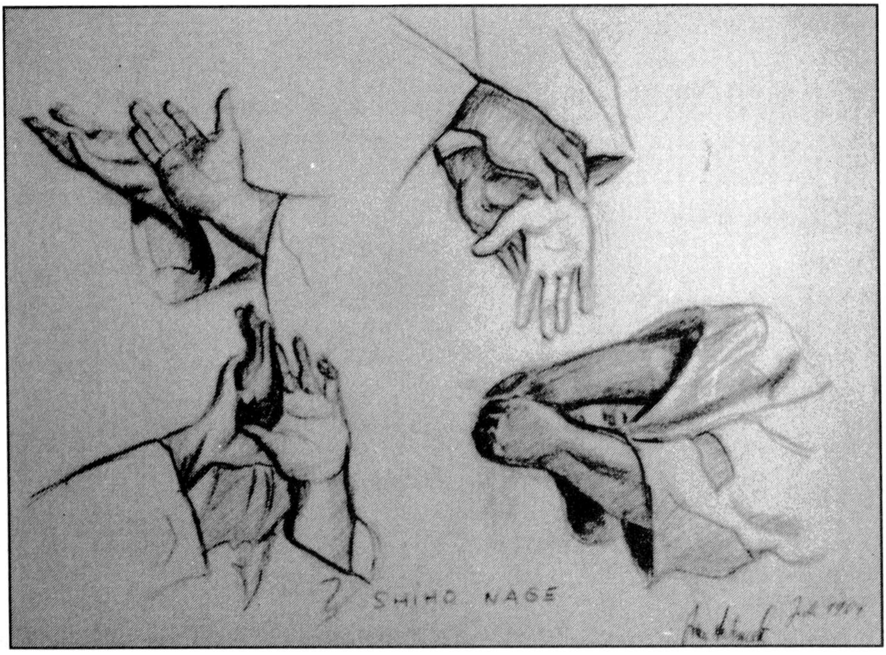

Abb. 53: Die Handgriffe beim Shiho-nage, Vierseitenwurf. *Zeichnung: Ivan Antonietti*

Anwendungsbreite siehe Prüfungsordnungen für Kyu- und Dan-Grade.

Shiho-nage-undo: Einzelübungen des Shiho-nage.

Shi-iku/kyu: vierte Stufe der Wahrheit und der Liebe (zweite Definition des Begriffes »Ai«, s.d.) durch den Zustand der Harmonie mit dem Universum, d.h. die individuelle Ki-Kraft stimmt mit der universalen (kosmischen) überein.

Shikaku: Viereck, Quadrat.

Shikan: meditative Erleuchtung.
Siehe auch unter: »Satori«.

Shikan-tai-za: einfaches Sitzen; Konzentrationsübung des Za-zen (s.d.).

Shikko: Aikido-Element; Gleit-, Schritt- und Drehbewegungen auf den Knien, um das Zentrum (Hara, s.d.) auszubilden und die Balance zu schulen. Übungen zum Erlernen und zur Ausführung der Techniken im Sitzen und Kniestand (Za-ho, Tai-za und Suwari-waza, s.d.).

Shi-Kyu: 4. Kyu-Grad, Daidaiiro-obi (orangener Gürtel).

Shima-obi: 6-8. Dangrad (rot-weißer Gürtel).

Shime/Jime: würgen, strangulieren.

Shime-waza: Gruppe der Würgetechniken.

Shimoseki: untere Seite, Platz für Schüler, gegenüber dem Joseki (s.d.) gelegen. Zur Dojo-Raumaufteilung und -Etikette gehörend.

Shimoza: unterer Sitz, tiefer Platz, für Schüler, gegenüber der Kamiza (s.d.) gelegen. Zur Dojo-Raumaufteilung und -Etikette gehörend.

Shimoseki
(untere Seite)

Shimoza
(unterer Sitz)

Kamiza
(oberer Sitz)

Joseki
(obere Seite)

Abb. 54: Dojo-Raumaufteilung. Oben Shimoseki, unten Joseki, links Shimoza und rechts Kamiza.

Shimpan: Kampfrichter, der Unparteiische.

Shin: Wirklichkeit, Wahrheit, Aufrichtigkeit, Vertrauen, Herz (= Kokoro, s.d.).

Shinai: Kendo-Übungswaffe, bestehend aus mehreren Bambus-Latten, die durch Lederstreifen zusammengehalten werden.

Shin Bu honrai fuji: die Einheit (Einigkeit) von Shinto und Budo (s.d.). Der Weg Gottes und der Weg des Kriegers stimmen überein.

Shin-jin: echter, aufrichtiger, wahrer und wertvoller Mensch. Ideal, Vorbild.

Shin-kake-Ryu: bekannte, traditionelle jap. Fechtschule.

Shin-ken-shobu: Kampf bis zum Tode.
Bedeutet auch: sich selbst »aufrichtig«, d.h. kompromißlos in die Verteidigung einzubringen.
Siehe auch unter: »Sutemi«.

Shin-ketsu: ernsthaft und aufrichtig, mit ganzer Seele, arbeiten und trainieren.

Shin-ogi: »auf der Schwertschneide reiten«. Im übertragenen Sinn für: Risikobereitschaft, Leichtsinn, Fehlbeurteilung, unangepaßte Technik, riskante Verteidigung.

Shintai: Gehschule, richtiges Gehen.
Die Formen des Stehens, des Gehens und des Bewegens:
Tachi = Stand, Stehen.
Shisei = Stellung, Grundstellung, richtiges Stehen.
Shizen-tai = Grundstellung, Ausgangsposition.
Shizen-hontai = wie oben.
Migi-shizen-hontai = Grundstellung rechts.
Hidari-shizen-hontai = Grundstellung links.
Jigotai = Verteidigungsstellung.
Migi-jogotai = Verteidigungsstellung rechts.
Hidari-jigotai = Verteidigungsstellung links.
Ayumi-ashi = Gehen mit sich überholenden Schritten.
Tsuri-ashi = Gehen mit sich überholenden, jedoch schleifenden Schritten.
Tsugi-ashi = Nachstellschritte, schleifend, nicht überholend.
Shintai-tai-sabaki = versch. Formen der Drehbewegung des Körpers.
Migi-tai-sabaki = Körperdrehung nach rechts.
Hidari-tai-sabaki = Körperdrehung nach links.

Shinto / Shintoismus: Weg der Götter (Kami-no-Michi). Ursprüngliche Religion der Japaner, entstanden aus Natur- und Seelenkult, aus Ahnenverehrung und mythologischen Vorstellungen. Der Shintoismus hat die Entwicklung des Bushido (s.d.) stark beeinflußt.

Shioda, Gozo: Begründer des Yoshinkan Aikido ab 1955. Geboren am 9.9.1915. Studierte in seiner Jugend Judo und Kendo und ab 1932 auch Aikido bei Ueshiba, Morihei im Kobukan Dojo (s.d.).
Siehe Abb. 56.

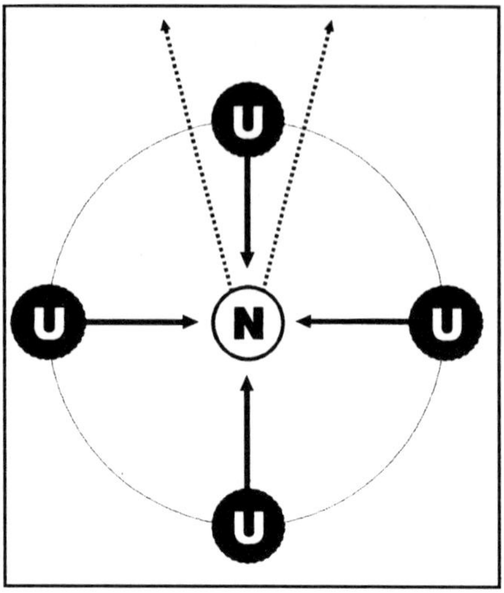

Abb. 55: Im Aikido sind die kreis- und spiralförmigen Bewegungen besonders wichtig. Wird Nage durch mehrere Uke umstellt (wie auf der Zeichnung sichtbar), muß er im Augenblick des koordinierten Angriffs durch einen Gleitschritt »Tsugi-ashi« oder einen stabilisierenden Doppelschritt »Tai-sabaki« nach vorn-links (»hidari«) oder vorn-rechts (»migi«) den sich verdichtenden, begrenzten Innenraum des Kreises verlassen, um den freien, unbegrenzten Außenraum zu erreichen.
Leitet ein Uke (z. B. von rückwärts) den Angriff ein, wird Nage die vorgeschriebene Ausweichbewegung verzugsfrei in dessen Richtung ausführen. - Die Energie der Angreifer richtet sich gegen sie selbst; der bedrängte Nage gewinnt die Freiheit der Bewegung und damit des Handelns zurück und kann sich erforderlichenfalls auf der »äußeren Linie« verteidigen.

Shiro-obi: 6. Kyu-Grad, Ruku-Kyu (weißer Gürtel).

Shisei: Stellung, Grundstellung, richtiges Stehen.

Abb. 56: Shioda, Gozo. Begründer des Yoshinkan Aikido.

Shita: unten, nach unten, untere Seite.

Shi-tachi: der Lehrer, der seinen Schüler bei den Schwertübungen Kumi-tachi (s.d.) leitet.

Shi-te: der Verteidiger, auch Nage bzw. Tori (s.d.) genannt, der die Aikido-Technik ausführt.

Shizen: einfach, natürlich, die Natur, der Urzustand.

Shizen-hontai: Grundstellung.

Shizen-ken: die natürlichen »Waffen« des Körpers: Hände, Arme und Beine als Verteidigungsmittel.

Shizen-no-kamae: Angriffsstellung, natürliche Stellung bzw. Position.

Shizen-tai: Aikido-Element; Normalstellung, Ausgangsposition, natürliche Körperhaltung.

Shobu: Kampf, Wettkampf, Wettstreit. Siehe auch unter: »Shiai«.

Shobu-zuyosa: »aus der Niederlage einen Sieg machen«; aus den Fehlern lernen, sich wieder »erheben«.

Sho-Dan: 1. Meistergrad, Kuro-obi (schwarzer Gürtel).

Shoden Mokuroku: siehe unter: »Hiden Mokuroku«.

Shodo-kan: »Platz des offenen Weges«, Japanische Aikido-Gesellschaft, in Osaka (nicht zu verwechseln mit »Shotokan«, einer klasischen jap. Karate-Stilrichtung).

Shodo-o-seizu: Kontrolle der ersten Bewegung des Angreifers.

Shogun: Diktator, Erbstatthalter, Titel des Militär-Regenten. Früh-japanischer Kriegs- und Amtstitel, ursprünglich verliehen an die Heerführer der Feldzüge gegen die Ainu (jap. Ureinwohner). 1185 n. Chr. wieder neu zur Geltung gekommen.

Shomen: vorne, die Front, die Fassade. Siehe auch unter: »Omote«.
Bedeutet auch: der obere Sitz, der Ehrenplatz. Darüber befindet sich das Bild des Aikido-Begründers.

Shomen-ni-rei: Kommando des Lehrers; respektvolle Verbeugung nach vorne zum Joseki (s.d.) oder zum Publikum. Siehe auch unter: »Rei«.

Shomen-uchi: Angriff mit einem geraden Schlag von vorne, zum Kopf / Gesicht, mit der Tegatana, dem Tanto, Bo oder Katana (siehe jeweils dort).

Shomen-zuki: Angriffsart; gerader Stoß mit der Faust (Speerhand), dem Tanto, Bo oder Katana (s.d.) von vorne zum Kopf / Gesicht (Jodan), Rumpf (Chudan) oder den Beinen (Gedan) (s.d.). Bei Angriffen mit dem Tanto sind in Abhängigkeit vom Griff auch Stöße auf der inneren (uchi) oder äußeren (soto) Linie möglich. Sie bestimmen die Art des Sabaki (s.d.) und der Verteidigungstechnik.

Shomen-zuki-chudan: Angriffsart; gerader Stoß von vorne im mittleren Körperbereich.

Shomen-zuki-gedan: Angriffsart; gerader Stoß von vorne im unteren Körperbereich.

Shomen-zuki-jodan: Angriffsart; gerader Stoß von vorne im oberen Körperbereich.

Shoshinsha: Neuling, Anfänger in den Budo-Disziplinen.

Shoto: Kurzschwert.
Bedeutet auch: Pinienrauschen (aus diesem Begriff entstand das traditionelle Shotokan-Karate).

Shuchu-geiko: Sommertraining, auch Natsu-geiko (s.d.) genannt.

Shuchu-suru: sich (auf etwas) konzentrieren.

Shugyo: Studium, Erziehungsarbeit, asketische Übungen, um die Lebensqualität zu verbessern, d.h. Wahrung der Tradition und der geistigen Richtung einer Budo-Disziplin und Selbstfindung des Individuums durch körperliches und geistiges Training.

Shuki: Erhaltung der vitalen Energie.
Shuren Dojo: Name der Trainingsstätte von O Sensei Ueshiba, Morihei in Iwama, Ibaragi Prefektur, Japan.

Shuto: Messerhand, Handkante (Kleinfingerseite), mit verschiedenen Anwendungsmöglichkeiten im Angriff.

Shuto-uchi: Messerhand-Angriff, Handkantenschlag. Uchi-mawashi = von innen nach außen, Soto-mawashi = von außen nach innen.

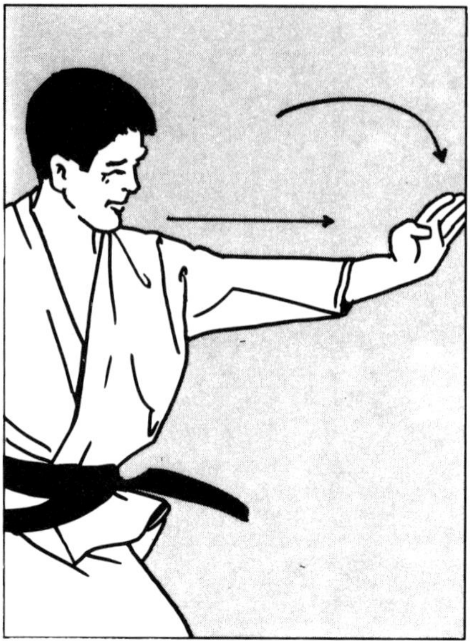

Abb. 57: Shuto, die Messerhand.

Shyuyo: körperliche und geistige Kontrolle, Disziplin. Zur Dojo-Ethik gehörend.

Sode: Ärmel.

Sode-dori: am Ärmel fassen, Ärmelgriff.

Soji: säubern des Dojo-Fußbodens, als respekterweisende Disziplinübung und geistiges Exerzitium.

Sokuho-ukemi: fallen seitwärts, auch Yoko-ukemi (s.d.) genannt.

Sokumen: seitlich, Seite.

Sonkei: Respekt, Achtung, Ehrerweisung. Zur Dojo-Ethik gehörend.

Sotai-dosa: Übungen mit einem Partner.

Soto: außen, z.B. Kaiten-nage (soto) = (Dreh-) Schleuderwurf mit »äußerem« Eingang.

Bedeutet auch: besondere Form des Zen-Buddhismus (Soto-Zen).

Soto-kaiten-nage: siehe unter »Kaiten-nage (soto)«.

Soto-mawari: nach außen bewegen; eine Bewegung zur Seite des Partners.

Suberi-komi: hineingleiten (in eine Wurftechnik).

Suburi: Schwert- oder Stock-Übung, bestehend aus vielen Wiederholungen einer einzigen Bewegung oder Technik, mit dem Ziel der Verinnerlichung (Automatisierung) wesentlicher Elemente der Technik.

Suihei: horizontal, waagrecht, auf gleicher Linie.

Suihei-kamae: waagrechte Stellung.

Suki: Schwachstelle, Blöße, Öffnung (beim Angreifer).

Sumi: Ecke, Winkel.

Sumi-kiri: Klarheit von Körper und Geist.

Sumi-otoshi: Aikido-Verteidigungstechnik im Stand (Nage-waza, s.d.); Eckenkippwurf. Nage ergänzt Uke durch eine ausweichende Bewegung (Sabaki, s.d.) und führt ihn am Arm bzw. an der Hand sehr dynamisch auf einer spiralförmigen Kreisbahn um seine Körperachse. Die Gleichgewichtsbrechung (Kuzushi, s.d.) und der Abwurf erfolgen in die Diagonalen (Ecken) zu den Hauptachsen. Beim direkten Eingang (Irimi, s.d.) wird der Angreifer durch einen Gleitschritt nach vorn-außen kurz aufgenommen, außer Balance gebracht und verzugsfrei geworfen. -
Anwendungsbreite siehe Prüfungsordnung für Dan-Grade.

Sun-dome: abbremsen, abstoppen, arretieren der Weiterführung einer Technik.

Suri-uke: gleitende (flüssige) Abwehr.

Sute-geiko: Training durch Erdulden, um »mit dem Körper zu begreifen«. Der Schüler lernt sensitiv (für feinste Reize empfindlich), z.B. durch viele Wiederholungen von Elementen und Techniken des Aikido.

Sutemi: »bis zum Tode kämpfen«; »ich setze alles auf eine Karte«; »sich selbst opfern«, »preisgeben«; sich selbst durch das Fallenlassen beim Körperwurf in Gefahr bringen (diese Würfe der Sutemi-waza sind im Judo üblich, nicht jedoch im Aikido).

Sutra (Sanskrit): wörtlich »Leitfaden«; ein in kurzen Sätzen ausgedrücktes höchstes Wissen. »Heilige Schrift« des Buddhismus (s.d.), deren Inhalt direkt auf die Lehren des Buddha (s.d.) zurückgeht.

Suwari/Suwaru: sich setzen.

Suwari-geiko: beide Partner (Uke und Nage) üben ihre Techniken im Kniestand Za-ho (s.d.).

Suwari-waza: Gruppe von Techniken, die im Za-ho oder Tai-za-Sitz (s.d.) vorgenommen werden.
Siehe auch unter: »Shikko«.

T

Tabi: traditioneller jap. Sockenschuh; Socke, mit ausgearbeitetem großen Zeh.

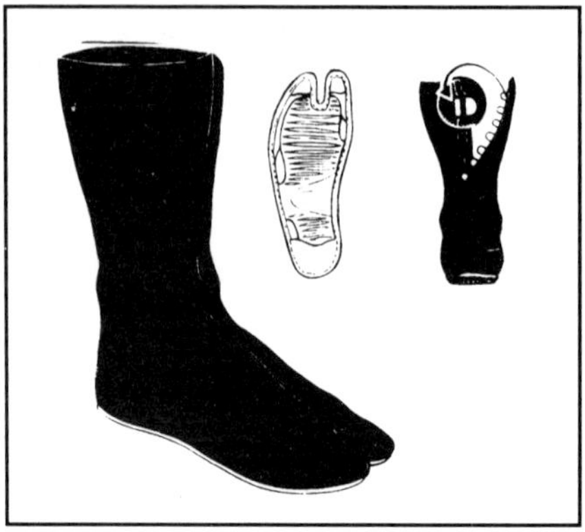

Abb. 58: Tabi-Sockenschuhe.

Tachi: Stand, im Stehen, Grundstellung. Bedeutet auch: jap. Langschwert, Vorläufer des Katana (s.d.).

Tachi-dori: das Schwert ergreifen. Technik, dem Angreifer das Schwert zu entwinden und ihn dann zu werfen.

Tachi-geiko: Übungsform, bei der alle Techniken aus dem Stand ausgeführt werden.

Tachi-waza: Gruppe sämtlicher Stand-Techniken.
Siehe auch unter: »Nage-waza«.
Bedeutet auch: Gruppe sämtlicher Schwerttechniken.

Tai: der (menschliche) Körper.

Tai-atari: Körperberührung.

Tai-buki-oyo-geiko: Übungsform, bei der waffenlose Verteidigungstechniken gegen Jo (-Stab), Tanto (Messer) und Ken (Schwert) ausgeführt werden. Buki = Waffe.
Siehe auch unter: »Kobudo«.

Taido: Weg des Körpers, Körperkunst, Haltung, Stellung.

Taiho-Jutsu: Haltetechniken.
Siehe auch unter: »Gatame-waza«.

Tai-iku/kyu: Körpererziehung; erste Stufe der körperlichen Entwicklung, durch die Praxis der Verteidigungstechniken.

Taijutsu: Körperkunst; mit dem Ninjutsu (s.d.) verwandte Kampftechniken ohne Waffen.

Tai-no-henka: Training von Techniken, die ineinander verschmelzen und bei der die Körperhaltung ständig wechselt (henka).

Tai-no-sen: Initiative in der Verteidigung (Verkettung), um die Führung zu übernehmen.

Tai-no-shintai: Wechsel der Stellung, Positionsveränderung.

Tai-no-tenkan: drehen des Körpers.

Tai-ryoku: Körperkraft, Muskelkraft, physische Stärke.

Tai-sabaki: wesentliches Element des Aikido. Ausgewogenes Gleichgewicht; stabilisierende, die Balance bzw. den Schwerpunkt (Hara, s.d.) erhaltende, drehende Bewegung des Körpers im Kreis, alleine oder mit Partner. Durch Körperdrehung entzieht man sich der Wirkung des Angriffs bzw. des Angreifers, stellt die harmonische Distanz (Ma-ai, s.d.) her, bricht das Gleichgewicht (Kuzushi, s.d.) und leitet die Verteidigungs-Technik ein.

Taisho: Lehrer (Leiter) einer Gruppe, einer Mannschaft, eines Teams. Der General, der Chef, der Anführer.

Taiso: Körpertraining, Gymnastik. Vorbereitungsübungen zur Stärkung der Kraft, Geschicklichkeit, Gelenkigkeit und der Kondition.
Siehe auch unter: »Undo«.

Tai-za: Budo-Konzentrationssitz, ähnlich dem Za-zen (s.d.), bei dem beide Beine (Füße) unter das Gesäß gebracht werden. Za-rei = die anschließende Verbeugung im Sitzen.

Takeda-Ryu: antike jap. Fecht- und Nahkampf-Schule des Yoshimitsu, Yoshikyo im 12. Jahrhundert; als Nachfolger der Genryu-Ursprungsschule (s.d.).

Takeda, Sokaku: japanischer Ju-Jutsu-Stratege. Lebte von 1860 bis 1943 in der 35. Generation der Ohigashi-Linie. Er verbreitete das Daito-Ryu Aiki-Ju-Jutsu und hatte ca. 30.000 Schüler, die er im Laufe seiner Karriere unterrichtete. Takeda trainierte um 1915/16 auch Ueshiba, Morihei. Sohn Takeda, Tokimune führt in seinem Daitokan (s.d.) das Aiki-Ju-Jutsu (s.d.) weiter und erhält dadurch die Tradition.

Abb. 59: Takeda, Sokaku. Verbreiter des Daito-Ryu Ju-Jutsu.

Takeda, Tokimune: 3. Sohn von Takeda, Sokaku (s.d.); geb. 1916. Er praktiziert und lehrt Aiki-Ju-Jutsu (s.d.) und ist Oberhaupt des Daito-Ryu Aiki-Budo. Er gründete 1953 das Daitokan-Dojo (s.d.) in Abashiri auf Hokkaido, Japan.

Takemusu Aiki: »Erleuchtung durch Aikido«; Begriff von O Sensei Ueshiba, Morihei zum Ausdruck für die unerschöpfliche Quelle und die unbegrenzte Kreativität des Aikido. Philosophischer Begriff aus der Shinto-Religion (s.d.) = »die Kriegskunst ist unübertroffen«.
Siehe auch unter: »Saito, Morihiro«.

Takuan: Zen-Mönch, lebte von 1573 bis 1645. Er schrieb viele Gedichte und Verse über das tägliche Leben und die martialischen Kampfkünste.

Tama-no-hire-buri: Vibrationstechnik aus dem Stand.
Siehe auch unter: »Furi-tama«.

Ta Mo (chin.): buddhistischer Mönch, lebte während der Liang-Dynastie von 506 bis 556 n. Chr., gilt als Vermittler und Verbreiter des Zen von Indien nach China und als legendärer Begründer der Ur-Form des Karate und anderer fernöstlicher Kampfformen. Jap.: Daruma (s.d.).

Tanden: Unterleib, Bauch, existenzieller Schwerpunkt.
Siehe auch unter: »Tan-t'ien« und »Hara«.

Tandoku-dosa: siehe unter: »Tandoku-renshu«.

Tandoku-renshu: Übungsform; Training ohne Partner bzw. mit einem imaginären (in der Vorstellung existierenden) Angreifer.

Tani: Tal, Ebene.

Tanin: ein anderer (Mensch oder Angreifer).

Tanin-su-dori: Techniken und Verteidigungen gegen andere (mehrere) Angreifer.

Tanin-su-gake: ein Angreifer (Uke) attackiert Nage aus allen Richtungen.

Tanin-su-gake-geiko: Übungsform, bei der mehrere Angreifer einen Verteidiger (Nage) nacheinander angreifen.

Tanin-su-waza: Gruppe von Verteidigungstechniken gegen mehrere Angreifer.

Tan-ken: messerähnliches, kurzes Schwert.
Siehe auch unter: »Tanto«.

Tanren: Ausbildung, sich abhärten.
Bedeutet auch: Schlagtechniken mit Schwert oder Stock, die ständig und ausdauernd wiederholt werden.

Tanren-uchi: Übung zur Stärkung und Abhärtung des Körpers, wobei auf ein Stroh- bzw. Reisigbündel ausdauernd mit dem Holzschwert (Bokken, s.d.) geschlagen wird.

Tan-t'ien (chin.): zentraler Mittelpunkt des menschlichen Körpers unterhalb des Nabels, die Atmung betreffend. Gilt als Sitz der menschlichen Energie. Jap.: Hara oder Tanden (siehe jeweils dort).

Tanto: jap. Messer mit einer Schneide.
Siehe auch unter: »Tan-ken«.

Tanto-dori/tori: Griff zum Messer; dem Angreifer das Messer entwinden. Oberbegriff für alle Formen des Angreifens mit dem Messer (Tanto) oder Dolch (zweischneidig) aus verschiedenen Richtungen sowie der Techniken zur Abwehr dieser Angriffe.

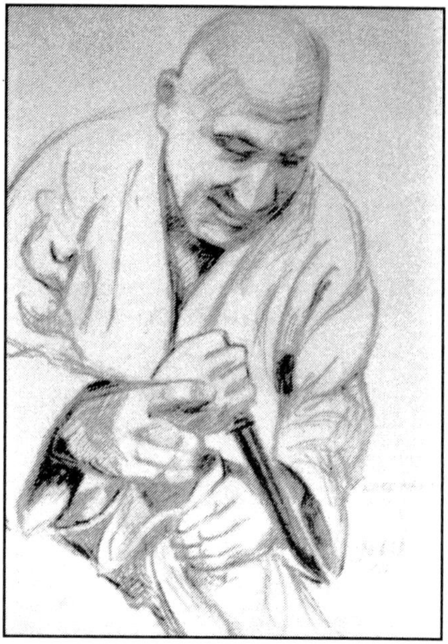

Abb. 60: Tanto-dori, Messerabwehr.

Tanto Jutsu: Kunstfertigkeit und Techniken im Umgang mit dem Messer.

Tao (chin.): chinesisches Weltprinzip. Weg zum Selbst; manifestiert z.B. in Natur, Moral und Ritus. Bedeutet auch: Gott, Weg, Vernunft, Logos, Sinn und Weltanschauung. Es ist die Wurzel des Universums, die Mutter aller Dinge. Japanisch: »Do« (s.d.). Größter Anhänger: Laotse. Lehre: Taoismus. Buch: Tao-te-king (siehe jeweils dort).

Taoismus: die von Laotse im 6. Jahrhundert v. Chr. begründete Religion, Weltanschauung, Philosophie und Lebensauffassung.

Tao-te-king (chin.): Buch des Taoismus, von Laotse (s.d.). Das Weltgesetz und sein Wirken, enthält 81 Kapitel über die metaphysische Lehre.

Tatami: Reisstroh-Matten, bestehend aus einzelnen Teilflächen; klassische Trainingsunterlage im Dojo (s.d.).

Tate: senkrecht, oben, von oben, der Länge nach.
Bedeutet auch: stehende Position.

Tateru: aufstellen (der Reihe nach), aufrichten.

Te: Hand, Arm, z.B. Ryo-te = beide Hände.

Te-dori: mit der Hand ergreifen.

Tegatana: Aikido-Element, Schwerthand. Die »waffenlose Waffe« im Aikido. Man versteht darunter die leicht bogenförmig vor dem Körper geführten Arme des Verteidigers vom Ellenbogen bis zu den Fingerspitzen. Bei den meisten Techniken wird die Tegatana jedoch nur mit ihrer Kleinfingerseite - vom Handgelenk bis zur Spitze des kleinen Fingers - eingesetzt. Die Tegatana wird im Aikido vielfältig und variabel genutzt, um die Angriffsenergie zu lenken, die Distanz (Ma-ai, s.d.) zu wahren und die Atemkraft (Kokyo, s.d.) des Verteidigers zu übertragen.

Teiji Kara no Mikoto: Gott der unvergleichlichen Stärke.

Teisho: Handballen, Handwurzel, Handinnenkante.
Bedeutet auch: zeremonieller Zen-Vortrag; Koan-Auslegung (s.d.) auf nichtdualistischer Ebene. Tei = tragen, sho = erklären.

Tekubi: Handgelenk, Puls.

Tekubi-kansetsu-junan-ho: Kräftigungsübungen für das Handgelenk.

Tekubi-kosa: Haltung der Handgelenke in gekreuzter (Abwehr-) Position.

Tekubi-kosa-undo: Übungen mit gekreuzten Handgelenken.

Tekubi-osae: 4. Aikido-Verteidigungstechnik am Boden (Katame-waza, s.d.); Armpreßdrehhebel-Haltegriff. Nage umfaßt den leicht gebeugten (abgewinkelten) Arm des Angreifers über dem Handgelenk und übt mit »schraubender« Bewegung einen Druck auf den Nervenpunkt aus. Durch den »blitzartigen« Schmerz wird das Gleichgewicht gebrochen. Uke kann dann auf einer kreis- oder spiralförmigen Bahn zu Boden gebracht und dort festgelegt werden. -
Anwendungsbreite siehe Prüfungsordnungen für Kyu- und Dan-Grade.
Siehe auch unter: »Yonkyo«.
Siehe Abb. 61.

Tekubi-shindo: ausschütteln; schwungvolles Lockern der Handgelenke.

Tenchi: Himmel und Erde.

Tenchi-nage: fortschrittliche Aikido-Verteidigungstechnik im Stand (Nage-waza, s.d.); Himmel- und Erdewurf. Der Verteidiger nimmt Uke mit einem eintretenden oder ergänzenden Sabaki (s.d.) auf und »verankert« sein Körperzentrum (Hara, s.d.) durch eine koordinierte (gegenläufig schneidende) Bewegung, bei der er eine Schwerthand (Tegatana, s.d.) nach oben (Himmel) und die andere nach unten (Erde) führt. Dadurch wird das Gleichgewicht des Angreifers gebrochen (Kuzushi, s.d.) und er fällt auf den Rücken oder die Seite. Diese Technik ist ein Symbol für die Stellung des Menschen zwischen dem Mikro- und Makro-Kosmos sowie seiner Bindung an den Himmel (Seele, Geist) und die Erde (Körper). -
Anwendungsbreite und Ausführungsformen siehe Prüfungsordnung für Dan-Grade.

Boden-Techniken (Katame-waza):

Tekubi-osae (Yonkyo) gegen
Ushiro-ryo-te-tori
Prinzip: Irimi
Nage: Rolf Brand, 6. Dan
Uke: Ulrich Schümann, 4. Dan

23

26

27

30

31

Abb. 61: Tekubi-osae.

4

25

29

33

Stand-Techniken (Nage-waza):

Shiho-nage gegen Kata-te-tori
Stellung: Gyaku-hanmi
Prinzip: Tenkan
Nage: Rolf Brand, 6. Dan
Uke: Roland Nemitz, 4. Dan

12

15

16

19

20

Abb. 62: Prinzip Tenkan.

3

14

7

18

22

Tengu Geijutsu Ron: Geheimlehren und Künste (Hiden, s.d.), die vom Meister an den besten Schüler weitervermittelt werden. Geijutsu = die »schönen« Künste, wie z.B. Ikebana = das Blumenstellen oder Cha-Do = der Teeweg, im Gegensatz zu den Kampfkünsten.

Tenkai-ashi: Körperdrehung (Tenkai = Wendung) um 180 Grad nach rückwärts; Ausführung aus den Grundstellungen Migi- und Hidari-kamae (s.d.).

Tenkan: Methode, der Angriffsbewegung (-energie) durch Rückwärtsdrehung zu entgehen.
Siehe Abb. 62.

Tenkan-ho: Vorbereitungen zum Erlernen des äußeren Ausweichens und Einleitung einer Kreisbewegung durch Kokyu (s.d.) Auch Kokyu-ho-tenkan genannt.

Tenkan (Ura): Aikido-Prinzip; ausweichende (ergänzende, passive, negative) Körperdrehung, zur Einleitung und Ausführung von Aikido-Techniken (»äußerer Eingang«). Tenkan wird angewendet, wenn die Angriffsenergie bereits entfaltet oder - durch eine Waffe - potenziert ist. Nage verläßt die »Linie der zerstörenden Kraft« durch ein ausweichendes Sabaki (s.d.) und führt (verstärkt, unterstützt) die Angriffsenergie über ihren Brennpunkt (Kime, s.d.) hinaus. Dies führt bei Uke zum Gleichgewichtsverlust (Kuzushi, s.d.). Im »rechten Augenblick« kann Nage den »sich sammelnden« Uke dann mit einer weiteren ausweichenden (Tenkan) oder eintretenden (Irimi) Bewegung werfen oder am Boden festlegen.
Siehe auch unter: »Irimi (Omote)«.

Ten-no-kokyu: wörtlich »der Atem des Himmels«; als erste Stufe der Atmungs-Meditation.

Te-sabaki: wechselnde (drehende) Arm- und Handhaltung während einer Bewegung.

Te-waza: Gruppe sämtlicher Hand-, Arm- und Schulterwürfe im Judo.
Siehe auch unter: »Nage-waza«.

Tiea-bu-shan (chin.): wörtlich »eiserne Kleidung«, Übung des »Eisenhemds«. Symbolischer Begriff, bei dem der Körper auf ihn treffende Angriffe und Schläge durch die Chi-kung-Atem-Therapie (jap.: Ki, s.d.) absorbiert. Bestandteil des klassischen chin. (Schatten-) Boxens Tai-chi-chuan.

Tobi: springen, Sprung.
Bedeutet auch: Kräftesammeln.

Tobi-komi: laufen, springen, hineinspringen (in eine Technik).

Tohei, Koichi: berühmter Aikido-Meister, -Persönlichkeit und -Pionier; erhielt 1970 vom Aikikai Hombu-Dojo (s.d.) den 10.

Abb. 63: Tohei, Koichi. 10. Dan des Aikikai Hombu-Dojo.

Dan. Er begann Aiki Budo (s.d.) schon 1939 im Kubokan Dojo (s.d.) und gründete 1974 den Shinshin Toitsu Aikidokai, eine Gesellschaft, die für die Koordination zwischen Körper und Geist im Aikido eintritt. 1990 gründete Tohei das Trainingszentrum des Ki No Kenkyu-Kaikan in Tochigiken, Japan.

Toitsu: gemeinsam, vereinigen, Prinzip der Einheitlichkeit. Zur Dojo-Ethik gehörend.

Token-dori: siehe unter »Tachi-dori«.

Toku-betsu-geiko: Übungsform; Spezialtraining, um Kälte und Hitze besser auszuhalten, wie z.B. beim Wintertraining Kan-geiko (s.d.) oder beim Sommertraining Natsu-geiko (s.d.).

Tokui: bevorzugte Bewegung.
Bedeutet auch: Besonderheit, Spezialität, Vorzugstechnik.

Toku-iku/kyu: dritte Stufe der ethisch-sittlichen Entwicklung, durch die Praxis der Vervollkommnung der Persönlichkeit, im Sinne der gegenseitigen Achtung aller Menschen.

Tokushu-geiko: Übungsform; Training von Spezialtechniken.

To-ma: größere Entfernung, weite Position, Abstand, Distanz.

Toma-katate-uchi: kreisförmiger Schlag mit dem Jo (-Stab) nach vorne, mit einer Hand, z.B. um die Distanz zum Partner (Ma-ai, s.d.) zu vergrößern.

Tomiki Aikido: Aikido-Schule und -Stilrichtung des Japaners Tomiki, Kenji. Aikido-Meister, -Persönlichkeit und -Pionier. Professor der physikalischen Erziehung der Waseda-Universität und Schüler von O Sensei Ueshiba, Morihei ab 1925. Praktiziert und verbreitet das »harte« Aikido »der frühen Jahre« mit kampfähnlichen Elementen.

Abb. 64: Tomiki, Kenji. Praktiziert ein kampfähnliches Aikido.

Tonfa: Holz-Trainingsgerät (-Waffe) im Kobudo (s.d.); Griff, mit dem das Mühlrad gedreht wurde.

Tori/Dori: Werfender, Verteidiger, Bewegungsausführender. Auch »Nage« (s.d.) genannt.
Bedeutet auch: nehmen, derjenige der eine Bewegung oder Technik (auf-) nimmt.

Toshu: wechselseitige Angriffe und Verteidigungen, ohne Waffen.
Siehe auch unter: »Tai Jutsu«.

Toshu Randori: Übungsform zum trainieren von Spezialtechniken unter »realistischen« Bedingungen und mit wechselnden Rollen (Nage / Uke und umgekehrt).

Toshu-taiso: Freiübungen zur Ausführung des Toshu Randori (s.d.).

Totei: Schüler, Lernender. Toteikikan = Lehrzeit.
Siehe auch unter »Deshi«.

Tsuba: Handschutz, Schwertstichblatt, Schmuck des Samurai-Schwertes.

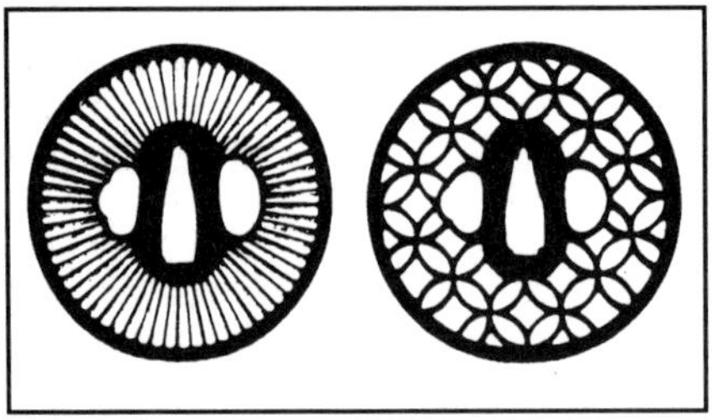

Abb. 65: Tsuba, Schwertstichblätter.

Tsugi-ashi: Nachstellschritt, wobei sich die Füße nicht »überholen«. Fußgleiten (vor- und rückwärts), zur Wahrung oder Einnahme der korrekten (harmonischen) Distanz (Ma-ai, s.d.) zum Angreifer.

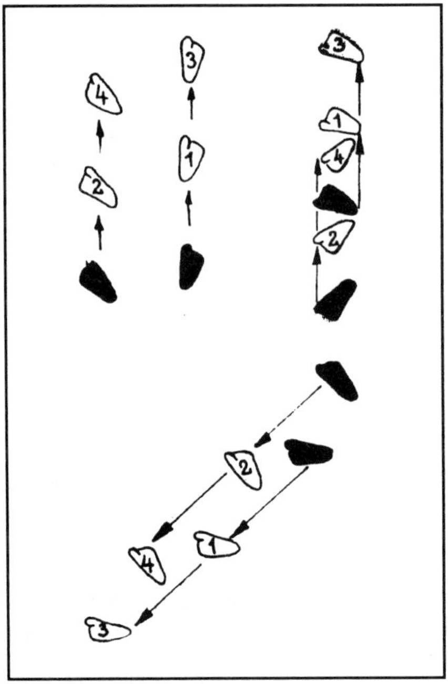

Abb. 66: Tsugi-ashi. Nachstellschritte. Vorwärts, seitwärts und schräg.

Tsuka: Griffbereich des Schwertes.

Tsuka-ito: traditionelle, kunstvolle Umwicklung des Schwertgriffes.

Tsukami-uke: verteidigende Griff-Abwehr.

Tsuki: stoßen, gerader Stoß (z.B. mit der Vorderfaust), Schlag. Auch: Stoß mit der Schwertspitze zum Kehlkopf. - Schreibweise jedoch »zuki« in der Wortverbindung als 2. oder 3. Wort.

Tsukuri: Eingang, Wurfansatz.
Bedeutet auch: konstruieren.

Tsuri: ziehen, (den Partner) herbeiziehen, Zug.
Bedeutet auch: angeln, fischen, auffangen.

Tsuri-ashi: gehen mit sich »überholenden«, schleifenden Schritten.
Siehe auch unter: »Shintai«.

Tsuri-komi: Hebezug, herumziehen, heranziehen, aus dem Gleichgewicht bringen.

U

Uchi: innen, Inneres.
Bedeutet auch: schneller, federnder Schlag oder Stoß, als Angriffstechnik.

Uchi-deshi: Innen-Schüler, persönlicher (direkter) Schüler, Student. Darf den Innenhof betreten und in der Hausgemeinschaft mit dem Meister leben. Er kann über viele Jahre im Dojo (s.d.) des Meisters trainieren und steht diesem 24 Stunden pro Tag zur Verfügung.
Siehe auch unter: »Deshi«.

Uchi-jo: der Angreifer mit dem Jo (-Stab).

Uchi-kaiten-nage: siehe unter »Kaiten-nage (uchi)«.

Uchi-komi: Übungsform; mehrere hintereinanderfolgende Eingänge ohne Wurf.
Bedeutet auch: Schlagtechnik.

Uchi-komi-geiko: Training von Wurfeingängen und Schlagtechniken, mit oder ohne Partner.

Uchi-tachi: der Angreifer mit dem Schwert.

Ude: Arm, Unterarm, Ärmel.
Ude-furi: schwingen der Arme.

Ude-furi-choyaku-undo: Grundübungen zur Kehrtwendung um 180 Grad, während des Armschwingens.

Ude-gaeshi: Armdrehung, Verdrehung.

Ude-hishigi: fortschrittliche Haltetechnik, bei der Ukes Arm beim Waffenangriff gestreckt und festgehalten wird.
Siehe auch unter: »Ude-kime-osae«.

Ude-kaiten: Armschwung.

Ude-kime-nage: Aikido-Verteidigungstechnik im Stand (Nage-waza, s.d.); Armstreckhebel-Wurf. Der Angriffs-(Waffen-) Arm (Ude) wird durch eine spontane Körperdrehung oder Ausweichbewegung des Verteidigers gestreckt. Nage tritt unverzüglich in die nun offene Stellung (Kuzushi) ein und bringt seine Schwerthand (Tegatana) von außen unter den gestreckten Ellenbogen. Bei der folgenden Verlagerung seines Zentrums (Hara) überdehnt Nage das Ellenbogengelenk (Kime) und der Angreifer fällt nach vorne. Freie und sehr wirksame (Wurf-)Technik, die vorwiegend zur Abwehr bewaffneter Angreifer eingesetzt wird.

Ude-kime-osae: Aikido-Verteidigungstechnik im Stand (Nage-waza, s.d.); Armstreckhebel-Haltegriff. Diese sehr wirksame Entwaffnungs- oder Haltetechnik kann aus dem Ude-nobashi (s.d.) abgeleitet werden. Nage übernimmt sofort nach

Abb. 67: Ude-kime-osae, Armstreckhebel-Haltegriff.

dem Eingang den gestreckten (Waffen-) Arm des Angreifers von oben und blockiert alle Gelenke durch Verwindung und weitere Streckung. Nun presst er ihn bei tiefer Körperstellung (Jigo-tai, s.d.) an den Körper und verhebelt mit einer Gegenbewegung seines Zentrums (Hara) das Ellenbogen- und Schultergelenk des (Waffen-)Armes. Durch die sehr schmerzhaften Ellenbogen- und Schulterhebel erfolgt eine zwingende Entwaffnung. Anschließend kann Uke frontal auf den Boden geworfen und durch den Streckhebel fixiert werden.
Freie und sehr wirksame Hebelhalte-Technik, die vorwiegend zur Abwehr bewaffneter Angreifer eingesetzt wird.
Siehe auch unter: »Ude-hishigi«.

Ude-nobashi: 5. Aikido-Verteidigungstechnik am Boden (Katame-waza, s.d.); Armschlüssel. Der extrem gestreckte und auf ganzer Länge verdrehte Arm des Angreifers wird nach der Gleichgewichtsbrechung (Kuzushi) durch Druck auf den Ellenbogen zum Boden geführt und dort festgelegt. Führt der Angreifer eine Waffe, können sich Techniken zur Entwaffnung anschließen. -
Anwendungsbreite siehe Prüfungsordnungen für Kyu- und Dan-Grade.
Siehe auch unter: »Gokyo«.

Ude-osae: 1. Aikido-Verteidigungstechnik am Boden (Katame-waza, s.d.); Armstreckhebel-Haltegriff. Der gebeugte Arm des Angreifers wird (ohne Verhebelung oder Druck auf Nervenpunkte) nach der Gleichgewichtsbrechung (Kuzushi) - vorwiegend - am Ellenbogen halbkreisförmig in senkrechter Ebene (Irimi) oder spiralförmig in waagerechter Ebene (Tenkan) auf die Matte geführt, dort gestreckt und fixiert. Führt der Angreifer eine Waffe, können Techniken zur Entwaffnung folgen. -
Anwendungsbreite siehe Prüfungsordnungen für Kyu- und Dan-Grade.
Siehe auch unter: »Ikkyo«.

Ueshiba Juku: Name der ersten Privatschule (Dojo, s.d.) des Aikido-Begründers O Sensei Ueshiba, Morihei, eröffnet 1921 in Ayabe, Japan.

Ueshiba, Kisshomaru: Dritter Sohn des Aikido-Begründers Ueshiba, Morihei und Ueshiba, Hatsu (Mutter), geb. am 27.6.1921. Direktor des Kobukan-Dojo (s.d.) seit 1942 und amtierender Aikido-Doshu (s.d.) seit 1969 des Zaidan-hojin-Aikikai (Welt-Hauptquartier). 1957 veröffentlichte er sein erstes Fachbuch und reiste 1964 nach Europa und Amerika, um das Aikido seines Vaters zu verbreiten. Ueshiba, Kisshomaru erhielt am 29.3.1987 das „Blaue Ordensband der Japanischen Regierung" für seine vielen Verdienste. - Ein bekanntes Zitat von ihm: »Schwert-schwingend greift er an, ... doch ich, ... ich stehe schon hinter ihm.«

Abb. 68: Ueshiba, Kisshomaru. Sohn des Aikido-Begründers O Sensei Ueshiba, Morihei.

Abb. 69: Ueshiba, Kisshomaru, bei der konzentrierten Ausführung einer Wurftechnik.

Ueshiba, Morihei: Begründer des Aikido, O Sensei (s.d.). Geb. am 14.12.1883 in Japan als Sohn des Ueshiba, Yoroku und der Ueshiba, Yuki. Er lehrte über 50 Jahre Aikido und gab seine Kunst und Philosophie an viele Schüler auf der ganzen Welt weiter. O Sensei Ueshiba studierte die folgenden Kampfkünste: Ab 1901: Tenjin-Shin'yo-Ryu Ju-Jutsu bei Meister Tozawa. Von 1903 — 1908: Gota-ha-yagyu-Shingan-Ryu bei Meister Nakai. Ab 1911: Judo bei Meister Takagi. Ab 1915: Daito-Ryu Ju-Jutsu bei Meister Takeda, Sokagu (s.d.)
Er erhielt das Kyoju-Dairi-Zertifikat am 15.9.1922 für seine vielen Verdienste. O Sensei Ueshiba wurde von der Omoto-Religion (s.d.) stark beeinflußt und im Besonderen von Deguchi, Onisaburo (s.d.), mit dem er viele Jahre zusammen arbeitete. Als Lehrer des Daito-Ryu Aiki-Ju-Jutsu von 1931-1942 im Kobukan-Dojo (s.d.) benannte er seine Kampfkunst Aiki Budo (s.d.). 1960 erhielt er von der Japanischen Regierung die »Ehrenmedaille am Purpur-roten Ordensband«.
O Sensei Ueshiba, Morihei starb am 26.4.1969 im Alter von 86 Jahren. Er erhielt den buddhistischen Namen »Aiki-in Seibu Enyu Daidoshi«.

Abb. 70: Aikido-Begründer O Sensei Ueshiba, Morihei.

Ueshiba-Ryu Ju-Jutsu: ursprünglicher Ju-Jutsu-Stil des O Sensei Ueshiba, Morihei, praktiziert ca. von 1920-1930.

Uke: der Geworfene bzw. der (ursprüngliche) Angreifer, der von Nage oder Tori (s.d.) geworfen wird. Bedeutet auch: empfangen; derjenige, der eine Technik »erhält« oder »empfängt«. Und: Abwehrtechnik, Verteidigung.

Uke-dachi: normale Verteidigungsstellung.
Bedeutet auch: Gegenangriff.

Uke-gae: flüssig aufeinanderfolgende, wechselnde Abwehrtechniken.

Uke-jo: Nage, der sich gegen einen Stockangriff verteidigt.
Bedeutet auch: der erfahrene Lehrer, der sich dem Schüler als Partner zur Verfügung stellt.

Uke-kime: Abwehr-Angriff.

Uke-kime-ichijo: Abwehr (Parade) und entscheidende Angriffstechnik, als zusammengehörende und ineinanderübergehende Einheit.

Ukemi: Aikido-Element; fallen, Fallschule, Fallübungen. Oberbegriff für alle Formen der Verteidigung durch geschicktes Fallen. Uke vermeidet im Aikido durch angepaßtes und automatisiertes (instinktives) Fallen sonst mögliche Verletzungen.
Mae-ukemi = Vorwärtsfallen (-rollen),
Ushiro-ukemi = Rückwärtsfallen (-rollen),
Yoko-ukemi = Seitwärtsfallen.

Uke-tachi: Nage, der sich gegen einen Schwertangriff verteidigt.
Bedeutet auch: er erfahrene Lehrer, der sich dem Schüler als Partner zur Verfügung stellt.

Uke-te: wörtlich »verteidigende Hand«; Verteidiger.

Uke-waza: Gruppe sämtlicher Abwehrtechniken.

Uki: schweben, flattern, schwimmen, gleiten.

Undo: Übung, Bewegung, Körperertüchtigung durch sportliches Training.

Undo-fuku: Sportanzug.

Undo-ka: Sportler, Sport-Ausübender.

Undo-kai: Sportfest.

Unsoku: Beinbewegung.
Siehe auch unter: »Shintai«.

Ura: Rückseite (im Gegensatz zu »Omote« = Vorderseite).
Bedeutet auch: entgegengesetzt, verkehrt, verdreht, umgekehrt.
Siehe auch unter: »Gyaku«.
Und: das negative, äußere Ausweichen durch Anwendung der Körperdrehung Tai-sabaki (s.d.), um eine Technik einzuleiten oder auszuführen.
Siehe auch unter: »Tenkan«.

Ura-ken: umgekehrte Faust, Faustrücken.

Ura-waza: Gruppe von Techniken, bei denen Uke von hinten angreift.

Ushiro: rückwärts, hinten, nach hinten.

Ushiro-ashi: hinteres Bein.

Ushiro-eri: hinterer Kragen, Revers.

Ushiro-eri-dori: Angriffsart; Griff von hinten in den Kragen.

Ushiro-harai: Fegebewegung mit dem Jo (-Stab), nach hinten.

Ushiro-hiji-dori: Angriffsart; Erfassen beider Ellenbogen von hinten.

Ushiro-hiki-otoshi: sinken, fallen nach hinten.

Ushiro-kakae-dori: Angriffsart; Umklammerung von hinten.

Ushiro-katate-eri-dori: Angriffsart; Uke greift mit einer Hand von hinten in den Kragen von Nage.
Siehe auch unter: »Ushiro-eri-dori«.

Ushiro-katate-dori-kubi-shime: Angriffsart; Griff einer Hand und Würgen von hinten.

Ushiro-kubi-shime: Angriffsart; würgen von hinten.

Ushiro-kubi-shime/Yokomen-uchi: Doppelangriff; würgen und schräger Schlag von hinten.

Ushiro-ryo-kata-dori: Angriffsart; Griff beider Hände von hinten an die Schultern.

Ushiro-ryo-sode-dori: Angriffsart; Uke ergreift von hinten mit beiden Händen beide Ärmel von Nage.

Ushiro-ryo-te-dori: Angriffsart; Griff beider Hände von hinten.

Ushiro-tekubi-dori: Angriffsart; Griff beider Handgelenke von hinten.

Ushiro-ukemi: Aikido-Element; Rückwärtsfallen (-rollen).
Siehe auch unter: »Koho-tento-undo« und »Ukemi«.

Ushiro-waza: Gruppe sämtlicher Angriffstechniken von rückwärts.

Utsuri: wechseln, ändern, überwechseln, fortbewegen.

Uwagi: jap. Kleidungsstück, Jacke.

Uye: aufwärts, nach oben.
Siehe auch unter: »Age«.

W

Wa: Einklang, Übereinstimmung, Harmonie und Friede (als Hochziel des Aikido). Begriffsaufteilung auch in »Ju« = geschmeidig und ohne Widerstand, wie im Ju-Jutsu und Judo, sowie in »Ai« = Harmonie, wie im Aiki-Jutsu und Aikido.

Wago (suru): übereinstimmen, harmonieren. Prinzip des Aikido.

Abb. 71: Jap. Kanji-Schriftzeichen für den Begriff Wago, als Prinzip der Harmonie und Übereinstimmung.

Wa-Jutsu: Techniken der Übereinstimmung, der Harmonie und der Koordination.
Bedeutet auch: beide Partner bewegen sich in gegenseitiger Übereinstimmung.

Waka Sensei: junger Lehrer, Sohn eines Meisters.

Waki: Achselhöhle.
Bedeutet auch: Seite.

Waki-kamae: seitliche Stellung.
Bedeutet auch: eine Garde (Leibwache), bewaffnet mit Stock oder Schwert, bei der die Langwaffe hinter dem Körper versteckt (gehalten oder getragen) wird.

Waki-otoshi: Körperwurf mit Hebelwirkung (im Judo).

Wakizashi: kurzes Schwert.
Siehe auch unter: »Shoto«.

Waza: Oberbegriff und Gruppe von Techniken. Technik, Kunst, Gattung.
Bedeutet auch: Schlagform.

Wischnewski, Gerd: deutscher Aikido-Pionier (3. Dan-Aikido, 2. Dan-Judo, 2. Dan-Kendo und 1. Dan-Karate); wurde in Japan »Der Samurai mit den blauen Augen« genannt. Er war von 1963 bis 1965 direkter Schüler des Aikido-Begründers O Sensei Ueshiba, Morihei und wurde vom Deutschen Judo-Bund e.V. im Jahre 1966 als Bundestrainer für die jungen Sektionen Aikido und Kendo verpflichtet. In diesen Funktionen hat Wischnewski die Einführung und technische Entwicklung des Aikido und Kendo in Deutschland prägend beeinflußt und engagiert gefördert. 1968 schrieb er unter dem Titel »Aikido - modernste japanische Selbstverteidigung« das erste deutschsprachige Lehrbuch.
Für seine idealistiche und erfolgreiche Arbeit wurde er von vielen Verbänden und Vereinen geehrt. 1971 mußte Wischnewski seine Ämter aus gesundheitlichen Gründen zur Verfügung stellen und zog sich später ganz vom Budo zurück.

Abb. 72: Wischnewski, Gerd. Deutscher Aikido-Pionier.

Wu-hsing (chin.): Nichtbewußtsein, Zustand aus der Zen-Philosophie.

Wu-nien (chin.): Nichtgedanken, Zustand aus der Zen-Philosophie.

Wu-wei (chin.): Nichtdenken, Nichthandeln, Nichteingreifen. Das Streben nach dem Nichts; bedeutet aber keinesfalls Trägheit oder Passivität, sondern die Aufgabe des Verlangens nach unwirklichen Dingen. Jap.: = Hishiryo (s.d.).

Y

Yabusame: alt-jap. Bogenschießen auf einem galoppierenden Pferd, auf feststehende Ziele entlang eines Parcours.

Yaku-soku-geiko: Übungsform; Studium durch Bewegung. Schnelles, gegenseitiges Werfen ohne Widerstand.
Bedeutet auch: Training zwischen Partnern, nach Vereinbarung, die ihren Widerstand vorher nicht ankündigen.

Yame: (Zeit-) Ende, stoppen eines Budo-Kampfes.
Bedeutet auch: Kommando am Ende einer Kata-Vorführung.

Yang (chin.): das männliche Prinzip, hell und aktiv.

Yari: Speer, Wurfspeer, Lanze.

Yari-Jutsu: die Kunst (-griffe) mit dem Speer umzugehen.

Yari-yubu: Speerkampf-Disziplin.

Yasumu: Pause, sich ausruhen.

Yawara: ältere Bezeichnung für Jiu-Jitsu (s.d.). Veraltetes, antikes System des jap. Zweikampfes.

Yin (chin.): das weibliche Prinzip, dunkel und passiv.

Yin und Yang (chin.): asiatisches Zeichen und Symbol als Sinnbild der Gegensätze im Universum. Feuer und Wasser, Himmel und Erde, Mann und Frau, stark und schwach, schwarz und weiß. Die Gegensätze durchdringen sich und bilden - auf höherer (Erkenntnis-) Ebene - eine neue Einheit. So verschmelzen auch Angreifer und Verteidiger im Aikido zur Einheit; die ursprünglichen Gegensätze sind gleichsam aufgehoben.
Das mächtige, empfangende, weibliche und stoffliche Prinzip (Yin) einerseits und das lichtvolle, schöpferische, männliche, geistige Prinzip (Yang) andererseits, sind die ursprünglichen, kosmischen Urkräfte, die in der Vorstellungswelt fast aller Völker Asiens vorhanden sind. Diese Begriffe der chin. Philosophie können bis in das 5. Jahrhundert v. Chr. als kosmologische Prinzipien zurückverfolgt werden.

Abb. 73: Chin. Yin- und Yang-Symbol.

Yoi: vorbereiten, preparieren, fertig machen (zum Kampf oder zur Übung).

Yoki: das Kultivieren der vitalen Energie.

Yoko: seitlich, Seite, von der Flanke kommend.

Yoko-kubi-shime: Angriffsart; würgen von der Seite.

Yoko-men: Gesichts- oder Kopf-Seite. Man unterscheidet: Hidari- und Migi-yoko-men (linke oder rechte Gesichts- bzw. Kopf-Seite).

Yoko-men-uchi: Angriff durch seitlichen Schlag auf Gesicht oder Kopf; schräger Schlag von vorne, mit der flachen Hand, Handkante oder Waffe.

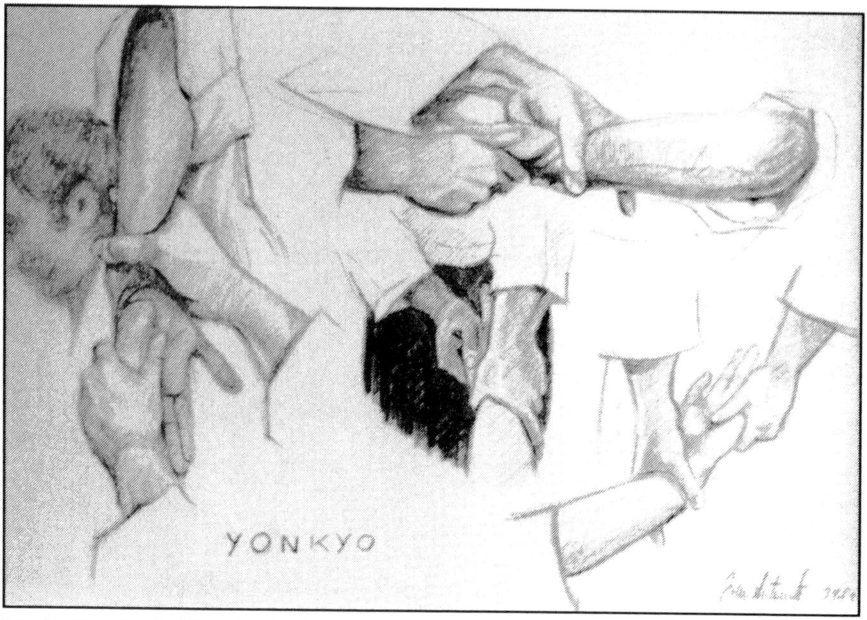

Abb. 74: Die Handgriffe beim Yon-kyo, Armpreßdrehhebel-Haltegriff. Zeichnung: Ivan Antonietti

Yoko-ukemi: Aikido-Element; Seitwärtsfallen.
Siehe auch unter: »Ukemi«.

Yoku/Yuki: die Tugend der Tapferkeit.

Yon-Dan: 4. Meistergrad, schwarzer Gürtel.

Yon-kyo: vierte Bewegung, vierte Technik. 4. Aikido-Verteidigungstechnik am Boden (Katame-waza, s.d.); Armpreßdrehhebel-Haltegriff.
Siehe auch unter: »Tekubi-osae«.

Yoru: sich etwas näher kommen, heranrücken.

Yoseikan Aikido: Aikidoschule des Mochizuki, Minoru (s.d.).

Yoseki: siehe unter »Joseki«.

Yoshi: Aufforderung »kämpft!«, »weitermachen!«.

Yoshimitsu, Minamoto: Ahnherr und Begründer der Aiki-Kampfkunst im 12. Jahrhundert; General, Fechtmeister und Shinto-Theologe. Sohn Yoshikyo, der das Kampfsystem seines Vaters weiterentwickelte (durch die Aufnahme von Abwehrtechniken gegen Schwertangriffe), änderte seinen Namen in Takeda (s.d.) und benannte seine Schule Takeda-Ryu Aiki-no-Jutsu.

Yoshinkan Aikido: im Jahre 1955 entwickelter und noch heute in Japan praktizierter Aikido-Stil von Shioda, Gozo (s.d.), 9. Dan-Aikido. Der Anfänger lernt zuerst viele Kata-ähnliche Techniken. Die »Internationale Yoshinkai-Aikido-Federation« wurde 1990 gegründet.

Yubi: Finger.

Yudachi: Dan-Träger (Meister) der Budo-Disziplinen.
Siehe auch unter: »Mudansha« und »Yudansha«.

Yudansha: Träger des schwarzen Gürtels, Budo-Meister.

Yuen: weich, sanft.
Siehe auch unter: »Ju«.

Yuka: Polster, Klötze; auf denen die Tatami (s.d.) gelagert werden.

Yukata: jap. Kleidungsstück, Hauskleid, Kittel.

Yukoku-no-shi: edler Wächter der Nation; anderer Name für Samurai (s.d.).

Yusai: von O Sensei Ueshiba, Morihei um 1920 praktizierte Meditations-Methode der Omoto-Religion (s.d.)

Yuzan, Daidoji: japanischer Stratege, Fechtmeister und Buchautor. Lebte von 1639 bis 1730 und verfaßte die »Budo-Shoshin-shu« (die Grundlektionen über das Bushido, s.d.), die in 44 Kapiteln dem jungen Samurai in der Weise einer väterlichen Ermahnung die Basis des rechten Denkens für den »höchsten Stand unter dem Himmel« beschrieb.

Z

Za: Sitz, Platz.

Za-fu: jap. Meditationskissen.

Za-ho: Konzentrationssitz.
Siehe auch unter: »Za-rei«.

Zaidan-hojin-Aikikai: Stiftung des Aikikai (s.d.), gegründet am 8.2.1948, als legale, sog. »juristische Person« (Firma) des Aikido-Hombu-Dojo (s.d.), also des Welt-Aikido-Hauptquartiers in Tokyo, Japan.

Zan-shin: Vollendung, Abschluß (z.B. einer Kata, s.d.).
Bedeutet auch: »nach erfolgreichem Angriff wird der Kampfgeist bewahrt«, oder: geistige Vorbereitung (entspannte Wachsamkeit, eine Form des »6. Sinnes«); Aufmerksamkeit und Konzentration in der Kontrolle des Angreifers nach Ausführung einer Verteidigungstechnik, durch ungebrochenen Ki-Fluß (s.d.). Dadurch Erhaltung der Bereitschaft, einen neuen Angriff sofort aufzunehmen.

Za-rei: Verbeugung; zeremonieller, ritualer Gruß im Sitzen (Knien) aus dem Tai-za-Sitz (s.d.). Im Gegensatz zu Ritsu-rei = Verbeugung im Stehen.

Abb. 75: Za-rei, die Verbeugung im Knien.

Za-zen: in der Zen-Meditation und in den Budo-Disziplinen üblicher Konzentrations-Sitz (im Sitzen geübte Versenkung), bei dem beide Beine vorne übereinander geschlagen werden. Zen-Sitz zur inneren Sammlung; »sitzender Zen«.

Zempaku: Unterarm.

Zempo-kaiten: nach vorne rollen, Überschlag.
Siehe auch unter: »Chuga-eri«.

Zen: »Versenkung«, die zur inneren Sammlung, Erleuchtung (Satori, s.d.) und Erlösung führen soll. Meditationsübung, Ablehnung rationaler Spekulation oder des »tägliches Bewußtsein«. Kam 520 n. Chr. von Indien nach China und von dort nach Japan. Wurde buddhistische Glaubensrichtung und Rückgrat der jap. Kultur. Aufhebung des Ich-Begriffes und Weg zu dem All-Einen.
Alle Gebiete des jap. Geisteslebens und die jap. Lebensauffassung werden noch heute vom Geist des Zen durchdrungen, der auch die geistige und philosophische Grundlage der meisten Budo-Disziplinen bildet.

Zendo: wörtlich »Zen-Halle« (in Klöstern); entlegene Stätte der buddhistischen Meditation, in der u.a. Za-zen (s.d.) geübt wird.
Siehe auch unter: »Dojo«.

Zengo: fließende Bewegungen nach vorne und nach hinten.

Zori: jap. Reisstroh-Sandalen, Slipper, meist geflochten, mit gekreuzten Bändern oder großem Zehenband.

Zubon: jap. Kleidungsstück; Hose, Beinkleid (Hakama, s.d.).

DEUTSCHER AIKIDO-BUND E.V.

Mitglied der Europäischen Aikido-Union

Regelwerk über Aikidoprüfungen nach dem Stand vom 1.1.1996

Verfahrensordnung für Aikido-Kyu-Prüfungen des DAB (VOK-DAB)

1 Zweck und Ziele

1.1 Durch die VOK-DAB werden die Organisation und die Durchführung aller Aikido-Kyu-Prüfungen (nachfolgend Prüfungen genannt) im Bereich des DAB einheitlich geregelt. Sie legt verbindliche und zweckdienliche Normen fest, dient der reibungslosen Abwicklung unvermeidlicher Formalitäten, garantiert einen langjährigen Nachweis und den Schutz der verliehenen Aikido-Kyu-Grade. Sie gilt im Zuständigkeitsbereich des DAB verbindlich und ohne Ausnahmen.

1.2 Bei Prüfungen sind technische Fertigkeiten nachzuweisen, die in der "Prüfungsordnung für Aikido-Kyu-Grade des DAB (POK-DAB)" festgelegt sind. Die POK-DAB ist gleichzeitig Ausbildungsrichtlinie und Stoffplan für den Aikido-Unterricht im DAB.

2 Zuständigkeiten

2.1 Die VOK-DAB wurde auf Grundlage der Satzung des DAB verabschiedet und tritt mit Wirkung vom 01.01.1994 in Kraft. Sie ersetzt die bis dahin gültige VOK-DAB mit Stand vom 26.10.1985.

2.2 Die Einhaltung der VOK-DAB wird durch den gewählten Bundesreferenten für Prüfungswesen des DAB (BPA) überwacht. Er ist in Fachangelegenheiten allen im Zuständigkeitsbereich des DAB eingesetzten lizenzierten Prüfern und prüfungsberechtigten Aikido-Danen gegenüber weisungsbefugt.

2.3 Über alle in dieser VOK-DAB nicht geregelten Probleme entscheidet in dringenden Fällen der Vorstand des DAB auf Vorschlag des BPA. Soweit erforderlich, ist ein Antrag auf Änderung der VOK-DAB frühestmöglich einzuleiten. Dabei sind die in der Satzung des DAB festgelegten Zuständigkeiten zu beachten.

3 Prüfer

3.1 Alle in der Rangliste des DAB geführten Aikidoka ab 2. Dan sind berechtigt, Prüfungen zum 5. und 4. Kyu-Aikido durchzuführen.

Diese Grade können auch ohne formelle Prüfung verliehen werden, wenn die Persönlichkeit, Einstellung und Leistungen des "Prüflings" dies rechtfertigen. Das Überspringen von Graden (siehe Ziffer 6.3) ist dann jedoch nicht möglich.

3.2 Die in der Rangliste des DAB geführten Aikidoka ab 2. Dan **mit gültiger Prüferlizenz** sind berechtigt, formelle Prüfungen wie folgt durchzuführen:

Angestrebter Grad des Prüflings:	Abnahme durch **einen** Prüfer. Mindestgrad des Prüfers:	Abnahme durch **zwei** Prüfer. Mindestgrad der Prüfer:
3. Kyu-Aikido	2. Dan-Aikido	
2. Kyu-Aikido	3. Dan-Aikido	2. und 2. Dan-Aikido
1. Kyu-Aikido	4. Dan-Aikido	3. und 2. Dan-Aikido

3.3 Prüferlizenzen werden nach den Bestimmungen der "Ordnung zur Vergabe der Aikido-Prüferlizenz (Kyu) des DAB (OPK-DAB)" vergeben.

3.4 Die Prüfer sind Repräsentanten des DAB und beeinflussen durch ihre Tätigkeit die Entwicklung des Aikido in der Bundesrepublik Deutschland maßgebend. Sie müssen sich daher uneingeschränkt um Gewissenhaftigkeit und Objektivität bemühen.

3.5 Alle Prüfer erfüllen ihre Aufgaben ehrenamtlich und uneigennützig. Über die Bestimmungen der "Spesenordnung des DAB (SO-DAB)" hinausgehende Vergütungen oder Zuwendungen sind nicht zulässig.

3.6 Die mit Ausübung des Prüferamtes verbundene Würde ist immer zu wahren. Der äußere Rahmen soll bei Prüfungen dem besonderen Ereignis entsprechen.

4 Planung und Vorbereitung

4.1 Die Ausrichter von Prüfungen nehmen rechtzeitig Verbindung mit den gemäß Ziffern 3.1 bzw. 3.2 benötigten Prüfern auf und treffen die erforderlichen Absprachen.

4.2 Das Anschriftenverzeichnis aller prüfungsberechtigten Aikido-Dane des DAB wird jährlich in der Informationsschrift "aikido aktuell" veröffentlicht.

4.3 Vor Beginn einer Prüfung sind dem / den Prüfer(n) zu übergeben:

- die gültigen Aikido-Pässe der Bewerber;
- eine Prüfungsurkunde für jeden Bewerber, bis auf den Stempel und die Unterschrift vollständig ausgefüllt und
- für jeden Bewerber eine gültige Quittungsmarke über die bezahlte Prüfungsgebühr.

Für Bewerber ab 3. Kyu-Aikido zusätzlich:

- Zulassungsantrag mit Ergebnisliste und Genehmigungsvermerk des zuständigen Aikido-Vereines / der zuständigen Aikido-Abteilung in zweifacher Ausfertigung und in den bezeichneten Teilen vollständig ausgefüllt.

Der Genehmigungsvermerk darf nur erteilt werden, wenn die technische Leistung sowie das Verhalten des Bewerbers innerhalb und außerhalb seiner Trainingsgemeinschaft eine Graduierung rechtfertigen.

Bei Prüfungen zum 5. und 4. Kyu-Aikido ist die nach gleichen Kriterien zu erteilende Genehmigung dem Prüfer in geeigneter Weise mitzuteilen.

4.4 Die Abnahme von Prüfungen ist nur bei vollständigen Unterlagen zulässig. Werden geringfügige formelle Mängel festgestellt, sind sie möglichst vor Prüfungsbeginn zu beheben.

4.5 Bei Vorlage der gemäß Ziffer 4.3 geforderten Unterlagen mit Genehmigungsvermerk bzw. einer formlosen schriftlichen Genehmigung des zuständigen Aikido-Vereines / der zuständigen Aikido-Abteilung kann der Aikidoka mit Zustimmung des Ausrichters an allen Prüfungen im Zuständigkeitsbereich des DAB teilnehmen, wenn die Zusammensetzung der Prüfungskommission (siehe Ziffern 3.1 und 3.2) dem angestrebten Grad entspricht.

5 Vorbereitungszeit, Überprüfung und Bewertung

5.1 Die gradbezogene Beherrschung der in der POK-DAB festgelegten Fertigkeiten sowie die dem Wesen des Aikido entsprechende zunehmende Verinnerlichung der Elemente und Prinzipien bedingt nach den Erfahrungen eine ausreichende körperliche Übung. Jeder Prüfung muß daher eine intensiv genutzte Vorbereitungszeit von mindestens sechs (6) Monaten vorausgehen.

5.2 Die erste Prüfung erstreckt sich auf das Programm des 5. Kyu-Aikido.

5.3 Allen Prüfungen ab 4. Kyu-Aikido geht das Fach "Überprüfung" voraus. Hier ist festzustellen, ob der Anwärter die Techniken der bereits erworbenen Grade entsprechend den steigenden Anforderungen beherrscht.

Erreicht der Anwärter im Fach "Überprüfung" nicht mindestens die Durchschnittsnote vier (4), ist die Prüfung abzubrechen. Sie gilt im Sinne der weiteren Wartezeit als nicht bestanden.

5.4 Die Prüfung ist nach Maßgabe der "Prüfungsordnung für Aikido-Kyu-Grade des DAB (POK-DAB)" durchzuführen. Entsprechend den gezeigten Leistungen erhält der Anwärter für jedes Fach und von jedem Prüfer eine Note.

Dabei ist - nur in vollen Punkten - wie folgt zu differenzieren:

6 Punkte:
Leistung, die den Anforderungen in besonderem Maße entspricht;

5 Punkte:
Leistung, die den Anforderungen voll entspricht;

4 Punkte:
Leistung, die im allgemeinen den Anforderungen entspricht und nur unwesentliche Mängel aufweist;

3 Punkte:
Leistung, die den Anforderungen noch nicht entspricht, jedoch erkennen läßt, daß die notwendigen Kenntnisse/Fertigkeiten vorhanden sind und die Mängel bei intensivem Training in zwei (2) Monaten behoben werden können;

2 Punkte:
Leistung, die den Anforderungen nicht entspricht und bei der selbst die Grundkenntnisse/-fertigkeiten so lückenhaft sind, daß die Mängel auch bei intensivem Training in zwei (2) Monaten nicht behoben werden können.

5.5 Bei allen Prüfungen müssen Alter, Geschlecht und physische Konstitution des Anwärters angemessen berücksichtigt werden.

5.6 Die Prüfung ist an einem Tag durchzuführen. Tritt der Anwärter während der Prüfung aus persönlichen Gründen oder infolge einer Verletzung zurück, gilt die Prüfung als nicht begonnen.

6 Ergebnisse, Auswertung und Folgen

6.1 Nach Beendigung der Prüfung werden die vergebenen Punkte in der Ergebnisliste addiert. Falls zwei Prüfer eingesetzt sind, nimmt der ranghöchste Prüfer die Auswertung vor. Hierbei ist zu beachten, daß die Punkte der beiden Prüfer auch untereinander ergänzungsfähig sind.

Das Ergebnis ist in die Ergebnisliste einzutragen und wird durch die Unterschrift(en) der / des Prüfer(s) bestätigt.

6.2 Hat der Anwärter mindestens zwei Drittel der maximalen Gesamtpunktzahl erreicht, ist die Prüfung bestanden.

6.3 Erreicht der Anwärter in allen gemäß POK-DAB geforderten Fächern und bei allen Prüfern mindestens fünf (5) Punkte, kann er sofort zum nächsthöheren Aikido-Kyu-Grad geprüft werden. In diesem Fall entfällt das Fach "Überprüfung"; dem Anwärter sind hier von jedem Prüfer vier (4) Punkte zu geben.

Zeigen sich bei dieser Prüfung jedoch auffallende Lücken bzw. Mängel, ist sie abzubrechen.

Das Überspringen weiterer Aikido-Kyu-Grade ist nicht zulässig!

6.4 Nichtbestandene Prüfungen können nach zwei Monaten wiederholt werden. Bei mangelhaften Leistungen in mehreren Prüfungsfächern (3 und/oder 2 Punkte) kann auch eine längere Vorbereitungszeit festgelegt werden. Diese ist dem BPA und dem zuständigen Aikido-Verein / der zuständigen Aikido-Abteilung schriftlich mitzuteilen.

6.5 Jeder Prüfung soll sich nach Möglichkeit ein kurzes Lehrgespräch anschließen. Bei notwendigen Kritiken ist die besondere Situation zu beachten und die Würde des / der Betroffenen zu wahren.

6.6 Die Prüfung ist mit der Bekanntgabe des Ergebnisses auf der Matte abgeschlossen. Kein Anwärter darf durch von Prüfern verschuldete Verfahrensfehler benachteiligt werden.

7 Paßeintragung und Prüfungsurkunden

7.1 Unmittelbar nach der durchgeführten Prüfung fertigt der - ggf. ranghöchste - Prüfer die Aikido-Pässe aller neugraduierten Aikidoka sorgfältig aus. Die Verwendung von Datums- und Namensstempeln mit Dan-Grad wird dringend empfohlen.

Die Quittungsmarke über die bezahlte Prüfungsgebühr ist in das gradbezogene rechte Feld einzukleben und durch die Unterschrift des ausfertigenden Prüfers zu entwerten. Lizenzierte Prüfer des DAB stempeln die Quittungsmarke sowie die unterschriebene Prüfungsurkunde zusätzlich mit ihrem Prüfersiegel ab.

Die Prüfung ist erst nach vollständiger Eintragung in den Aikido-Paß gültig.

7.2 Die Aikido-Pässe und Prüfungsurkunden sind den Aikidoka sofort zu übergeben.

Besteht ein Aikidoka die Prüfung nicht, ist die vorbereitete Prüfungsurkunde zu vernichten!

8 Dokumentation

8.1 Nach beendeter Prüfung sind ggf. die vollständig bearbeiteten Zulassungsanträge (Ergebnislisten) durch den ranghöchsten Prüfer **umgehend** (ohne Anschreiben) an den BPA zu senden. Dieser kontrolliert sie und legt die erste Ausfertigung nach Aikido-Landesverbänden und Datum geordnet ab. Die zweite Ausfertigung ist zu sammeln und am Jahresende an den zuständigen Aikido-Landesverband zu senden.

9 Übungsanzug

9.1 Der Gürtel des zuletzt erworbenen Aikido-Grades muß zusammen mit dem offiziellen Unterscheidungszeichen (schwarzer Gürtelstreifen mit rotem Schriftzug "Aikido" in japanischer Sprache) zum Keiko-Gi getragen werden.

Aikido-Kyu dürfen einen weißen Hakama zum Keiko-Gi tragen.

10 Anerkennung von Aikido-Kyu-Graden

10.1 Aikido-Kyu-Grade, die von Aikido-Organisationen auf Grundlage einer allgemeinverbindlichen Verfahrens- und Prüfungsordnung verliehen wurden, werden auf Wunsch des Inhabers im Bereich des DAB als Eingangsvoraussetzung für die Prüfung zum nächsten Kyu- bzw. Dan-Grad sowie als Teilnahmevoraussetzung für gradbezogene Lehr- und Ausbildungsveranstaltungen toleriert, wenn der Inhaber dem DAB zum Zeitpunkt der Prüfung nicht angehörte und Mitglied in einem Verein des DAB geworden ist oder wenn durch einen längeren Auslandsaufenthalt unzumutbar hohe Wartezeiten entstanden wären.

10.2 Die bereits erworbenen Aikido-Kyu-Grade müssen bei der ersten im DAB angestrebten Prüfung oder bei der Teilnahme an gradbezogenen Lehr- und Ausbildungsveranstaltungen durch den Inhaber eindeutig nachgewiesen werden. Im Zweifelsfall ist die Entscheidung des DAB-Vorstandes einzuholen.

10.3 Aikido-Kyu-Grade anderer Organisationen werden nicht in den DAB-Paß eingetragen. Der Inhaber darf den Gürtel des zuletzt erworbenen Aikido-Kyu-Grades zum Keikogi tragen.

10.4 Aikido-Kyu-Grade, die den Bestimmungen der Ziffer 10.1 nicht genügen oder von Personen verliehen wurden, sind im Bereich des DAB ohne Bedeutung.

10.5 Gegen die Entscheidung des DAB-Vorstandes ist begründete schriftliche Beschwerde vor der Bundesversammlung des DAB möglich, die dann endgültig entscheidet.

11 Prüfungen in anderen Organisationen

11.1 Über die Prüfungsabnahme in Organisationen, die dem DAB nicht angehören, entscheidet das Präsidium des DAB, wenn ein offizieller schriftlicher Antrag dieser Organisation und eine Empfehlung des Vizepräsidenten (Technik) des DAB vorliegen. Bei dieser Entscheidung ist ein strenger Maßstab anzulegen.

11.2 Bei Erteilung einer Ausnahmegenehmigung werden die nach den Ordnungen des DAB vergebenen Grade uneingeschränkt anerkannt. Die Anwärter benötigen keinen Aikido-Paß des DAB; ihnen wird eine Prüfungsurkunde ausgehändigt.

12 Gebühren und Prüfungsmaterial

12.1 Die Kosten für Quittungsmarken und Prüfungsmaterial werden durch die Bundesversammlung des DAB festgelegt und in der Informationsschrift "aikido aktuell" veröffentlicht.

12.2 Der Ausrichter trägt alle Kosten für den / die Prüfer nach der "Spesenordnung des DAB (SO-DAB)" und kann diese in Form einer Umlage auf die Prüflinge verteilen. Er darf jedoch nur die tatsächlich entstandenen Kosten erheben und sollte aus Gründen der Gleichbehandlung aller Aikidoka eine pauschalierte Prüfungsgebühr festlegen. Falls aus wirtschaftlichen oder organisatorischen Gründen zweckmäßig, können Prüfungen auch im Zusammenhang mit Trainingsveranstaltungen oder Lehrgängen durchgeführt werden.

12.3 Die Aikido-Vereine /-Abteilungen des DAB können Quittungsmarken und Prüfungsmaterialien bei der Paß- und Materialstelle des DAB beziehen. Die in der Rechnung ausgewiesenen Kosten sind nach Lieferung sofort und ohne Abzug auf das genannte Konto des DAB zu überweisen.

Der kleine Samurai

Zeichnung: Stewart Teasdale (aus "Aikido Aktuell").

Prüfungsordnung für Aikido-Kyu-Grade des DAB (POK-DAB)

1 Grundsätze

1.1 Für die Graduierung soll nicht nur das technische Können, sondern auch das allgemeine persönliche Verhalten des Prüfungsteilnehmers innerhalb und außerhalb seiner Trainingsgemeinschaft sowie das Alter, das Geschlecht und die physische Konstitution bedeutsam sein.

1.2 Die Durchführung der Kyu-Prüfungen erfolgt nach den Bestimmungen der "Verfahrensordnung für Aikido-Kyu-Prüfungen des DAB (VOK-DAB)".

2 Zuständigkeiten

2.1 Die POK-DAB wurde auf Grundlage der Satzung des DAB verabschiedet und tritt mit Wirkung vom 01.01.1994 in Kraft. Sie ersetzt die bis dahin gültige POK-DAB mit Stand vom 05.11.1977, die jedoch nur redaktionell überarbeitet wurde.

2.2 Die Einhaltung der POK-DAB wird durch den gewählten Bundesreferenten für Prüfungswesen des DAB (BPA) überwacht. Er ist in Fachangelegenheiten allen im Zuständigkeitsbereich des DAB eingesetzten lizenzierten Prüfern und prüfungsberechtigten Aikido-Danen gegenüber weisungsbefugt.

2.3 Über alle beim Vollzug der POK-DAB auftretenden Probleme entscheidet in dringenden Fällen der Vorstand des DAB auf Vorschlag des BPA. Soweit erforderlich, ist ein Antrag auf Änderung der POK-DAB frühestmöglich einzuleiten. Dabei sind die in der Satzung des DAB festgelegten Zuständigkeiten zu beachten.

3 Allgemeine Hinweise

3.1 Die Bezeichnung der einzelnen Übungen erfolgt in der Prüfungsordnung in japanischer Sprache. Die gebräuchlichsten Namen und Ausdrücke sind im "Anhang zur POK-DAB" übersetzt. Es wird empfohlen, sich so früh wie möglich mit beiden Bezeichnungen vertraut zu machen.

3.2 Die Techniken sind - soweit möglich - beidseitig in den Eingängen "Irimi" und "Tenkan" sowie den Positionen "Ai-hanmi" und "Gyaku-hanmi" vorzuführen.

Sagt der Prüfer eine Technik an, so erfolgt die Vorführung beidseitig unter ständigem Wechsel von Eingang und Position, bis ein Zeichen zur Beendigung gegeben wird. Falls notwendig, wird der Prüfer besondere Formen der Ausführung fordern.

3.3 Erbringt der Anwärter nur knapp ausreichende Leistungen, kann - insbesondere bei Prüfungen auf den 5. und 4. Kyu-Aikido - zur gerechten Bewertung zusätzlich die "Grundschule" geprüft werden. Diese umfaßt

- Zeremoniell;
- Kamae — Stand, Stellung, Position;
- Maai — Distanz, Abstand, Entfernung zum Partner;
- Tegatana — Gebrauch der Schwerthand;

- Sabaki	Bewegung, drehen, geschickt ausweichen, sich verteidigen;
- Katate-tori Kokyu-ho Irimi	Handbefreiung mit positivem Eingang;
- Katate-tori Kokyu-ho Tenkan	Handbefreiung durch ausweichende Körperdrehung, "negativer Eingang";
- Kokyu-ho in Za-ho	Atemkraftübung im Aikido-Sitz.

Wenn Du mit dem Stab arbeitest, mußt Du Dir immer vor Augen halten, daß Du nicht alleine auf der Matte bist!

Zeichnung: Stewart Teasdale (aus "Aikido Aktuell").

ANMERKUNGEN:

*) Prüfungsinhalte gemäß Ziffer 5

**) Angriffsarten gemäß Ziffer 5
2. Kyu-Grad = Nr. 1, 2 oder 3
1. Kyu-Grad = Nr. 12, 13 oder 14

PRÜFUNGSFÄCHER			ANGESTREBTE GRADE: 1. Kyu-Grad (brauner Obi)	2. Kyu-Grad (blauer Obi)	3. Kyu-Grad (grüner Obi)	4. Kyu-Grad (orangener Obi)	5. Kyu-Grad (gelber Obi)
1		Überprüfung bereits vorhandener Grade	⊗	⊗	⊗	⊗	
2	UKEMI	Ushiro - Ukemi		⊗	⊗	⊗	⊗
2	UKEMI	Mae - Ukemi		⊗	⊗	⊗	
2	UKEMI	Yoko - Ukemi		⊗	⊗		
2	UKEMI	Freies Fallen (Rollen) alle Seiten		⊗			
3		Nage - Waza *)	⊗	⊗	⊗	⊗	⊗
4		Katame - Waza *)	⊗	⊗	⊗	⊗	⊗
5		Randori mit vorgegebenem Angriff (weiche Form) **)	⊗	⊗			
		ALLGEMEINE ANFORDERUNGEN:	Wie bei 2. Kyu-Grad! Atemi-Waza (Schlag- und Stoßtechniken) sind bereits sinnvoll anzudeuten!	Ukemi muß gut beherrscht werden! Bewegung, Haltung und Griffsicherheit sollen gut sein!	Die Techniken sind bei guter Haltung aus der Bewegung vorzuführen!	Die Techniken sind aus der Bewegung vorzuführen!	Geringe Bewegungs- und Haltungsmängel sind entschuldbar!

5 Prüfungsinhalte (Nage- und Katame-Waza)

ANGRIFFSARTEN	V Ude-nobashi (gokyo)	IV Kote-mawashi (nikyo)	III Tekubi-osae (yonkyo)	II Kote-hineri (sankyo)	I Ude-osae (ikkyo)	10 Juji-Garami	9 Koshi-Nage-kote-hineri	8 Koshi-Nage-hiji-garami	7 Kote-Gaeshi	6 Koshi-Nage	5 Kaiten-Nage (soto)	4 Aiki-Otoshi	3 Irimi-Nage	2 Kaiten-Nage (uchi)	1 Shiho-Nage
1 Katate-tori		1	2	3	5				1		2		4	4	5
2 Ryote-tori		1	2	3	5				1	2			4		5
3 Katate-Ryote-tori		1	2	3	5				1				3		5
4 Mune-tori		1	2	3	5					2					5
5 Yoko-kubi-shime										2		3			
6 Ushiro-ryokata-tori		1	2	3	4					2		3			
7 Ushiro-kakae-tori										2		3			
8 Ushiro-ryote-tori		1	2	3	4	1	1	1	1				3		4
9 Ushiro-eri-tori		1	2	3	4				1	2					
10 Ushiro-katate-tori-kubi-shime		1	2	3	4	1				2					
11 Ushiro-kubi-shime										2		3			
12 Yokomen-uchi	1	1	2	3	4				1	2			3	4	4
13 Shomen-uchi		1	2	3	4				1	2	2		3		
14 Shomen-tsuki		1	2	3	4				1	2	2		3		
15 Kubi-shime/ Yokomen-uchi															
16 Ushiro-kubi-shime/ Yokomen-uchi															
	KATAME-WAZA					NAGE-WAZA									

(Kopfzeile über den Techniken: VERTEIDIGUNGSTECHNIKEN)

6 Anhang zur POK-DAB

(Übersetzung der gebräuchlichsten japanischen Namen und Begriffe)

Auf die Veröffentlichung des Anhanges - Ziffern 6 bis 6.4 - wurde verzichtet, weil alle Begriffe auch im Fachwort-Lexikon übersetzt und erläutert sowie ggf. mit Querverweisen versehen wurden.

"Er ist vom Weg abgekommen!"
(Zeichnung: Peter Raab).

Verfahrensordnung für Aikido-Dan-Prüfungen des DAB (VOD-DAB)

1 Ziele

1.1 Alle Aikido-Dane sollen persönlich und fachlich qualifizierte Repräsentanten des von O-Sensei Morihei Uyeshiba geschaffenen Aikido sein.

1.2 Sie sollen den Deutschen Aikido-Bund e.V. (DAB) sowie die ihm angeschlossenen Aikido-Landesverbände (ALV) und Aikido-Vereine (AV) bei der Verbreitung der Lehre und Technik des klassischen Aikido unterstützen.

2 Zweck

2.1 Die Abnahme einheitlicher Dan-Prüfungen im Bereich des vom Deutschen Sportbund anerkannten DAB fördert die vorstehenden Ziele und stellt sicher, daß der Dan-Grad im Aikido eine auf positiven Einstellungen und Haltungen sowie auf technischer Reife basierende Auszeichnung bleibt, die den Träger hervorhebt und verpflichtet.

2.2 Die VOD-DAB legt verbindliche und zweckdienliche Normen fest, dient der reibungslosen Abwicklung unvermeidlicher Formalitäten, garantiert einen langjährigen Nachweis und den Schutz der verliehenen Aikido-Dan-Grade. Sie gilt im Zuständigkeitsbereich des DAB verbindlich und ohne Ausnahmen.

Die in den Bereichen der Persönlichkeit, Haltung und Einstellungen sowie der theoretischen Kenntnisse und der technischen Fertigkeiten an Aikido-Dane gestellten Forderungen sind in der "Prüfungsordnung für Aikido-Dan-Grade des DAB (POD-DAB)" festgelegt.

3 Zuständigkeiten

3.1 Die VOD-DAB wurde auf Grundlage der Satzung des DAB verabschiedet und tritt mit Wirkung vom 01.01.1994 in Kraft. Sie ersetzt die bis dahin gültige "Verfahrensordnung für Aikido-Dan-Prüfungen des DAB (VOD-DAB, Stand 01.01.1989)"

3.2 Die Einhaltung der VOD-DAB wird durch den gewählten Bundesreferenten für Prüfungswesen des DAB (BPA) überwacht. Er ist in Fachangelegenheiten allen im Zuständigkeitsbereich eingesetzten lizenzierten Prüfern und prüfungsberechtigten Aikido-Danen gegenüber weisungsbefugt.

3.3 Über alle in dieser VOD-DAB nicht angesprochenen Probleme entscheidet in dringenden Fällen der Vorstand des DAB auf Vorschlag des BPA. Soweit erforderlich, ist ein Antrag auf Änderung der VOD-DAB frühestmöglich einzuleiten. Dabei sind die in der Satzung des DAB festgelegten Zuständigkeiten zu beachten.

4 Prüfer

4.1 Aikido-Dan-Prüfungen darf grundsätzlich nur abnehmen, wer

- im Besitz der Aikido-Prüferlizenz (Dan) des DAB ist und
- vom BPA mit der Durchführung einer Dan-Prüfung beauftragt wurde.

4.2 Prüferlizenzen werden nach den Bestimmungen der "Ordnung zur Vergabe der Aikido-Prüferlizenz (Dan) des DAB (OPD-DAB)" vergeben.

4.3 Die Prüfungskommission besteht aus drei (3) Prüfern. Vorsitzender der Prüfungskommission ist der ranghöchste Meister.

4.4 Beim unvorhergesehenen Ausfall eines Prüfers kann der Vorsitzende der Prüfungskommission zur Sicherstellung der Prüfung einen anderen qualifizierten Aikido-Dan des DAB mit dessen Zustimmung als Prüfer einsetzen, wenn dieser den vom Anwärter/von den Anwärtern angestrebten Grad besitzt.

Der Sachverhalt ist dem BPA unter Angabe des Grundes vom Vorsitzenden der Prüfungskommission nach Durchführung der Prüfung mitzuteilen.

4.5 Die Prüfer sind Repräsentanten des DAB und beeinflussen durch ihre Tätigkeit die Entwicklung des Aikido in der Bundesrepublik Deutschland maßgebend. Sie müssen sich daher uneingeschränkt um Gewissenhaftigkeit und Objektivität bemühen.

4.6 Alle Prüfer erfüllen ihre Aufgaben ehrenamtlich und uneigennützig. Über die Bestimmungen der Spesenordnung des DAB (SO-DAB) hinausgehende Vergütungen oder Zuwendungen sind nicht zulässig.

4.7 Die mit Ausübung des Prüferamtes verbundene Würde ist immer zu wahren. Der äußere Rahmen soll bei Dan-Prüfungen dem besonderen Ereignis entsprechen.

5 Dan-Prüfungen

5.1 Dan-Prüfungen des DAB werden nach Bedarf auf Bundesebene ausgeschrieben. Der BPA lädt die erforderlichen Prüfer ein, wenn die Zahl der termingerecht gemeldeten Anwärter die Durchführung der Prüfung rechtfertigt. Im anderen Falle ist die Dan-Prüfung abzusetzen.

5.2 Die Teilnahme an einer Dan-Prüfung ist nur möglich, wenn:

- dem BPA alle zur Durchführung der Prüfung erforderlichen und in dieser Ordnung näher bezeichneten Unterlagen zum Meldetermin im Original vorlagen;
- der Prüfungsanwärter die geforderten persönlichen Zulassungsvoraussetzungen am Prüfungstage ohne Einschränkungen erfüllt;
- drei lizenzierte und vom Bundesreferenten für Prüfungswesen des DAB eingeladene Prüfer zur Verfügung stehen, die mindestens den vom Anwärter/von den Anwärtern angestrebten Grad besitzen (Ausnahme siehe Ziffer 4.4!).

5.3 Der Dan-Anwärter füllt drei Prüfungsbögen gemäß Anlage 1 der VOD-DAB im oberen Teil vollständig aus und holt die Genehmigungen des zuständigen Vereins und Aikido-Landesverbandes ein. Dan-Anwärter dürfen sich die Genehmigungsvermerke nicht selbst erteilen.

Anschließend sendet er alle Exemplare unter Beifügung des DAB-Passes, des Lehrgangspasses bzw. -nachweises (siehe Ziffer 6.3) und der Prüfungsgebühren (fünf Quittungsmarken für Kyu-Prüfungen!) bis spätestens 6 Wochen vor dem Prüfungstermin (Posteingang!) an den BPA.

Bei Prüfungen zum 1. Dan ist eine Bescheinigung über eine erfolgreich abgeschlossene Ausbildung in "Erste Hilfe" (14 Ausbildungsstunden = 7 Doppelstunden) beizufügen. Die Ausbildung darf nicht länger als drei Jahre zurückliegen.

Bei Prüfungen ab dem 3. Dan ist der Nachweis über eine nach den Bestimmungen der ÜLO-DAB vergebene bzw. anerkannte und gültige Übungsleiter-Fachlizenz-Aikido beizufügen.

5.4 Die bei der Prüfung zum 5. Dan geforderte schriftliche Hausarbeit ist zusammen mit den übrigen Unterlagen (siehe vorstehende Ziffer!) in vierfacher Ausfertigung beim BPA einzureichen.

Der BPA leitet die Hausarbeit sofort an die eingesetzten Prüfer weiter, die sie unverzüglich bewerten. Dabei ist zur Sicherstellung einheitlicher Bewertungskriterien gemäß Anlage 2 der VOD-DAB zu verfahren.

Die Auswertung der von den Prüfern für die Hausarbeit vergebenen Punkte wird durch den BPA vorgenommen. Die Prüfung darf mit dem praktischen Teil nur fortgesetzt werden, wenn der Anwärter mindestens zwei Drittel der maximalen Punktzahl erreicht hat.

5.5 Wurde die Hausarbeit als nicht ausreichend bewertet, teilt der BPA dies dem Anwärter spätestens zwei Wochen vor der Prüfung mit.

Die bei Bewertung der Hausarbeit vergebenen Punkte dürfen dem Anwärter nicht bekanntgegeben werden; sie sind bei der Prüfung in den Prüfungsbogen zu übernehmen.

6 Prüfungsvoraussetzungen

6.1 Entsprechend den geistigen Prinzipien des Aikido und den Zielen des DAB wird von einem Dan-Anwärter bzw. Dan-Träger erwartet, daß er:

- die Verbreitung und Einheit des klassischen Aikido im Zuständigkeitsbereich des DAB aktiv unterstützt;
- den Zweck und die Aufgaben des DAB sowie die damit zusammenhängenden Maßnahmen nach besten Kräften fördert;
- die Satzung und Ordnungen des DAB einhält und alle in den Organen gefaßten Beschlüsse respektiert;
- aktiv Aikido betreibt und nachweislich um seine Fortbildung bemüht ist.

6.2 Die in Ziffer 5.3 vorgeschriebenen Genehmigungen dürfen durch den zuständigen AV und ALV nur dann erteilt werden, wenn

- die in der POD-DAB unter "Zulassungsvoraussetzungen / Allgemeine Anforderungen" des angestrebten Grades festgelegten Kriterien erfüllt sind,
- alle Bestimmungen der VOD-DAB eingehalten wurden und
- die Persönlichkeit und das Verhalten des Anwärters innerhalb und außerhalb seiner Trainingsgemeinschaft die Graduierung rechtfertigen.

Die Genehmigung gilt nur für die im Antrag mit Datum und Ort näher bezeichnete Dan-Prüfung.

6.3 Aikidoka des DAB können nur dann zu einer Dan-Prüfung zugelassen werden, wenn sie im letzten Jahr der Vorbereitungszeit bis zur Anmeldung beim BPA gemäß Ziffer 5.3 mindestens sechs (6) der nachfolgend genannten Aikido-Lehrgänge im Bereich des DAB besucht haben, davon mindestens zwei (2) Internationale- (IL), Bundes- (BL) oder Dan-Förder-Lehrgänge (DFL) des DAB.

- Internationale Aikido-Lehrgänge des DAB (IL);
- Bundes-Lehrgänge des DAB (BL);
- Dan-Förderlehrgänge des DAB (DFL);
- Zentrales Aikido-Training der ALV (ZT), das durch den Regionaltrainer des DAB oder seinen Vertreter geleitet wird;
- Dan-Vorbereitungslehrgänge ab 1. Kyu (DVL), die durch den Bundestrainer, einen Regionaltrainer oder ein Mitglied der TK geleitet werden und mindestens drei (3) Stunden Aikido-Unterricht umfassen;
- Landes-Lehrgänge ab 2. Kyu (LL), die durch den Bundestrainer, einen Regionaltrainer oder ein Mitglied der TK geleitet werden und mindestens drei (3) Stunden Aikido-Unterricht umfassen.

Bundes-Wochenlehrgänge ab 2. Kyu mit mindestens fünfzehn (15) Stunden Aikido-Unterricht werden wie zwei (2) Bundes-Lehrgänge (BL) bewertet.

Die Nachweispflicht über den Besuch der vorgeschriebenen Lehrgänge obliegt dem Anwärter durch Vorlage des Lehrgangspasses bzw. -nachweises. Die Mindestgraduierung der zugelassenen Teilnehmer und der Name des Lehrers müssen aus der Eintragung ersichtlich sein.

6.4 Bei Abnahme von Dan-Prüfungen muß der vom Anwärter gewählte Partner (Uke) mindestens den 1. Kyu-Aikido besitzen.

7 Mindestalter, Vorbereitungszeit

7.1 Die Beherrschung der in der POD-DAB festgelegten Kenntnisse und Fertigkeiten sowie die dem Wesen des Aikido entsprechende Verinnerlichung der Elemente und Prinzipien erfordern nach den auf Erfahrungen basierenden Grundsätzen ein Mindestalter sowie ein ausreichend langes und intensives praktisches Studium.

7.2 Am Prüfungstage müssen daher die in der nachfolgenden Tabelle festgelegten Mindestalter und Vorbereitungszeiten erreicht sein.

angestrebter Grad:	Mindestalter:	Vorbereitungszeit:
1. Dan Aikido	18 Jahre	1 Jahr (ab 1. Kyu)
2. Dan Aikido	21 Jahre	2 Jahre (ab 1. Dan)
3. Dan Aikido	26 Jahre	3 Jahre (ab 2. Dan)
4. Dan Aikido	32 Jahre	4 Jahre (ab 3. Dan)
5. Dan Aikido	40 Jahre	5 Jahre (ab 4. Dan)

8 Überprüfung, Bewertung

8.1 Jeder Dan-Prüfung geht das Fach "Überprüfung" voraus. Hier ist festzustellen, ob der Anwärter die Techniken aller bereits erworbenen Grade entsprechend den in der POD-DAB unter "Allgemeine Anforderungen" des angestrebten Grades festgelegten Kriterien beherrscht.

Erreicht der Anwärter im Fach "Überprüfung" nicht mindestens die Durchschnittsnote vier (4), ist die Prüfung abzubrechen. Sie gilt im Sinne der weiteren Wartezeit als nicht bestanden.

8.2 Wie in der Prüfungsordnung festgelegt, wird zwischen theoretischen Kenntnissen und technischen Fertigkeiten unterschieden. Entsprechend den gezeigten Leistungen erhält der Anwärter für jedes Fach und von jedem Prüfer eine Note.

Dabei ist - nur in vollen Punkten - wie folgt zu differenzieren:

6 Punkte:

Leistung, die den Anforderungen in besonderem Maße entspricht;

5 Punkte:

Leistung, die den Anforderungen voll entspricht;

4 Punkte:

Leistung, die im allgemeinen den Anforderungen entspricht und nur unwesentliche Mängel aufweist;

3 Punkte:

Leistung, die den Anforderungen noch nicht entspricht, jedoch erkennen läßt, daß die notwendigen Kenntnisse/Fertigkeiten vorhanden sind und die Mängel bei intensivem Training in 3 Monaten behoben werden können;

2 Punkte:

Leistung, die den Anforderungen nicht entspricht und bei der selbst die Grundkenntnisse/-fertigkeiten so lückenhaft sind, daß die Mängel auch bei intensivem Training in 3 Monaten nicht behoben werden können.

8.3 Bei allen Dan-Prüfungen müssen Alter, Geschlecht und physische Konstitution des Anwärters angemessen berücksichtigt werden.

8.4 Für Anwärter mit gültiger Übungsleiter-Fachlizenz-Aikido sind die bei Dan-Prüfungen in den Fächern "Lehre und Technik des Aikido" und "Trainingslehre" (1. und 2. Dan) geforderten Leistungen erbracht.

Die Fächer werden in der Prüfung mit den in der POD-DAB festgelegten Punkten bewertet.

8.5 Die Prüfung ist grundsätzlich an einem Tag durchzuführen. Tritt der Anwärter während der Prüfung aus persönlichen Gründen oder infolge einer Verletzung zurück, gilt die Prüfung als nicht begonnen.

9 Ergebnisse (Auswertung, Folgen)

9.1 Nach Beendigung der Prüfung werden die vergebenen Punkte in den Prüfungsbögen gemäß Anlage 1 addiert, und zwar für technische Fertigkeiten und theoretische Kenntnisse gesondert.

9.2 Der Vorsitzende der Prüfungskommission nimmt die Auswertung vor. Hierbei ist zu beachten, daß die Punkte innerhalb der beiden Fachgebiete (Technische Fertigkeiten und Theoretische Kenntnisse) - bei den Prüfern auch untereinander - zwar ergänzungsfähig sind (arithmetisches Mittel!), jedoch nicht von einem in das andere Fachgebiet übernommen werden können.

9.3 Hat der Anwärter in jedem Fachgebiet gemäß POD-DAB mindestens zwei Drittel der maximalen Punktzahl erreicht, ist die Prüfung bestanden.

9.4 Das Ergebnis ist in den Prüfungsbögen (3 Ausfertigungen) festzuhalten und wird durch die Unterschrift aller Prüfer bestätigt.

9.5 Nichtbestandene Dan-Prüfungen können nach 3 Monaten wiederholt werden, jedoch darf der Bewerber innerhalb der nächsten 12 Monate nach dem ersten Versuch die Prüfung nur einmal wiederholen.

Bei mangelhaften Leistungen (Note 3) in mehreren Prüfungsfächern sowie bei ungenügenden Leistungen (Note 2) in einem oder mehreren Prüfungsfächern kann eine nichtbestandene Dan-Prüfung frühestens nach 6 Monaten wiederholt werden.

9.6 Die Dan-Prüfung wird mit Bekanntgabe des Ergebnisses auf der Matte abgeschlossen. Kein Bewerber darf durch von Prüfern verschuldete Verfahrensfehler benachteiligt werden.

9.7 Dan-Grade können nicht übersprungen werden.

10 Paßeintragung

10.1 Unmittelbar nach der durchgeführten Dan-Prüfung fertigt der Vorsitzende der Prüfungskommission die Aikido-Pässe aller neugraduierten Dane aus. Hierzu werden den Prüfern Datumsstempel, Namensstempel mit Dan-Grad und Prüfersiegel vom DAB zur Verfügung gestellt.

10.2 Die Paßeintragungen sind durch Unterschrift und Prüfersiegel des Vorsitzenden der Prüfungskommission zu bestätigen. Alle Aikido-Pässe sind danach sofort an die Inhaber zu übergeben.

11 Dokumentation

11.1 Die vollständig ausgefüllten und von allen Prüfern unterzeichneten Prüfungsbögen (3 Ausfertigungen) sind vom Vorsitzenden der Prüfungskommission umgehend an den BPA zu übersenden.

11.2 Der BPA kontrolliert die Prüfungsbögen und veranlaßt bei Zustimmung die Ausfertigung und Unterzeichnung der Dan-Urkunden. Formelle Mängel sind - soweit möglich - vor Bestätigung der Prüfung zu beheben.

Der BPA leitet die Dan-Urkunden in geeigneter Weise an die neugraduierten Dane.

11.3 Die vom BPA kontrollierten und unterschriebenen Prüfungsbögen sind zum Zwecke einer ordnungsgemäßen Dokumentation bzw. aus Gründen des Datenschutzes wie folgt zu behandeln:

1. Ausfertigung: Aufbewahrung beim BPA
2. Ausfertigung: Aufbewahrung bei der DAB-Geschäftsstelle
3. Ausfertigung: Zur Vernichtung (Datenschutz beachten!)

Die Prüfungsbögen (1. und 2. Ausfertigung) sind jahrgangsweise und in alphabetischer Reihenfolge abzulegen.

12 Übungsanzug

12.1 Aikido-Meister des DAB sind verpflichtet, bei Ausübung des Aikido einen schwarzen (1. bis 5. Dan) bzw. rot-weißen Gürtel (6. bis 8. Dan) und einen schwarzen Hakama zum weißen Keiko-Gi zu tragen.

13 Anerkennung von Dan-Graden

13.1 Es können nur Aikido-Dan-Grade übernommen werden, die in anderen anerkannten Organisationen erworben wurden.

Der vom Bewerber zu stellende schriftliche Antrag ist unter Beifügung der Graduierungsunterlagen mit den Genehmigungsvermerken des zuständigen AV und ALV an den BPA zu senden.

13.2 Über eine Anerkennung von 1. und 2. Aikido-Dan-Graden entscheidet der Vorstand des DAB mit einfacher Mehrheit. Die Abstimmung kann auch schriftlich erfolgen.

13.3 Über die Anerkennung höherer Aikido-Dan-Grade entscheidet die Technische Kommission des DAB (TK). Zur Anerkennung ist eine Mehrheit von zwei Dritteln der TK-Mitglieder erforderlich. Die Abstimmung kann schriftlich erfolgen, wenn der Vorstand des DAB dies vorschlägt.

Der Entscheidung muß eine formelle Überprüfung des Antragstellers durch die Prüfungskommission gemäß Ziffer 4.3 vorausgehen, wenn mehr als die Hälfte der TK-Mitglieder dies fordern.

Als Vorsitzender der Prüfungskommission ist dann ein Mitglied der TK zu bestimmen. Er gibt nach Durchführung der Überprüfung eine schriftliche Empfehlung als Entscheidungshilfe ab, die allen Mitgliedern der TK zuzuleiten ist.

Anschließend entscheidet die TK mit einer Mehrheit von zwei Dritteln der Mitglieder.

Die Entscheidung ist dem Antragsteller durch den Vizepräsidenten (Technik) des DAB schriftlich mitzuteilen.

13.4 Die in Ziffer 13.3 vorgeschriebenen Mehrheiten werden bei Tagungen nach den anwesenden TK-Mitgliedern und bei schriftlichen Abstimmungen auf Grundlage aller TK-Mitglieder berechnet.

14 Prüfungsgebühren

14.1 Die Kosten für die Prüfer und evtl. anfallende Kosten für die Organisation (Ausrichtung) der Prüfung werden vom DAB übernommen.

14.2 Die Höhe der Prüfungsgebühren wird durch die Bundesversammlung des DAB festgelegt.

14.3 Jeder neugraduierte Aikido-Dan erhält vom DAB als Geschenk eine repräsentative Dan-Urkunde.

15 Rangliste

15.1 Die vom DAB graduierten bzw. anerkannten Aikido-Dane werden in einer Rangliste geführt.

15.2 Die Aikido-Dane des DAB sind verpflichtet, der Geschäftsstelle des DAB alle Anschriftenänderungen mitzuteilen.

15.3 Aikido-Dane, die in der jährlichen Stärkemeldung von keinem dem DAB angeschlossenen Verein namentlich gemeldet wurden, sind in der Rangliste zu streichen. Ihre Prüfungsdaten sind durch die Geschäftsstelle des DAB in geeigneter Weise zu sichern.

Prüfungsordnung für Aikido-Dan-Grade des DAB (POD-DAB)

<u>Wichtige Hinweise:</u>

Lehrer, Vereine und Aikido-Landesverbände dürfen Anwärter nur zur Dan-Prüfung zulassen, wenn

- die in der Ziffer "Zulassungsvoraussetzungen / Allgemeine Anforderungen" des angestrebten Grades festgelegten Kriterien nachweislich erfüllt sind,
- alle Bestimmungen der VOD-DAB eingehalten wurden und
- die Persönlichkeit und das Verhalten des Anwärters innerhalb und außerhalb seiner Trainingsgemeinschaft die Graduierung rechtfertigen.

Ab 3. Dan wird bei der Bewertung neben den zusätzlichen technischen Anforderungen verstärkt auch der Grad der Verinnerlichung (Automatisierung) von Elementen, Techniken und Prinzipien des Aikido sowie die sich im spontanen aikidospezifischen Handeln darstellende Persönlichkeit des Anwärters berücksichtigt.

Die in den Fächern "Klassische Verkettungen" (Ziffer 4.2.3) und "Freie Verkettungen" (Ziffer 5.2.4) verwendeten Abkürzungen haben folgende Bedeutung:

(gR/gT)	=	gleiche Rollenverteilung / gleiche Technik
(wR/gT)	=	wechselnde Rollenverteilung / gleiche Technik
(gR/wT)	=	gleiche Rollenverteilung / wechselnde Technik
(wR/wT)	=	wechselnde Rollenverteilung / wechselnde Technik

1 1. Dan-Aikido (schwarzer Hakama)

1.1 <u>Zulassungsvoraussetzungen / Allgemeine Anforderungen</u>

Der Anwärter auf den 1. Dan-Aikido muß

- während der Vorbereitungszeit ab 1. Kyu-Aikido mindestens für die Dauer von 6 Monaten als Assistent oder Übungsleiter in der Aikido-Anfängerausbildung tätig gewesen sein,
- innerhalb der letzten drei Jahre eine Ausbildung in "Erste Hilfe" (14 Ausbildungsstunden) erfolgreich abgeschlossen haben,
- alle Techniken für Aikido-Kyu-Grade gemäß POK-DAB entsprechend dem Niveau des angestrebten Grades spontan und fließend ausführen und
- in der Technik seine geistige Kraft (KI) erkennen lassen.

1.2 <u>Besondere Anforderungen</u>

1.2.1 Überprüfung
des Programms für Aikido-Kyu-Grade gemäß POK-DAB.

1.2.2 Lehre und Technik des Aikido

Der Anwärter muß einen von der Prüfungskommission ausgewählten Grundbegriff des Aikido mündlich erklären.

Für Anwärter mit gültiger Übungsleiter-Fachlizenz-Aikido ist diese Forderung erfüllt; sie wird von allen Prüfern mit je 6 Punkten bewertet.

1.2.3 Aiki-no-Kata

Form der Aikido-Bodentechniken (Katame-Waza) im Stand.

1.2.4 Nage-Waza

Tenchi-Nage	gegen	Ryote-tori
" "	"	Mune-tori
" "	"	Ushiro-eri- tori
" "	"	Yokomen-uchi
" "	"	Shomen-uchi
" "	"	Shomen-tsuki
Sumi-Otoshi	gegen	Katate-tori
" "	"	Ryote-tori
Kokyu-Nage	gegen	Ryote-tori
" "	"	Katate-ryote-tori
" "	"	Ushiro-ryokata-tori
" "	"	Ushiro-kakae-tori
" "	"	Ushiro-katate-tori-kubi-shime
" "	"	Yokomen-uchi
" "	"	Shomen-uchi

1.2.5 Trainingslehre

Der Anwärter muß Grundkenntnisse im Ausbildungsgebiet Trainingslehre gemäß ÜLO-DAB (Themen 7.4 und 7.5) im mündlichen Vortrag nachweisen.

Für Anwärter mit gültiger Übungsleiter-Fachlizenz-Aikido ist diese Forderung erfüllt; sie wird von allen Prüfern mit je 6 Punkten bewertet.

1.5.6 Yiu-Waza

Freies Angreifen eines unbewaffneten Gegners (Ju-no-Geiko).

2 2. Dan-Aikido (schwarzer Hakama)

2.1 Zulassungsvoraussetzungen / Allgemeine Anforderungen

Der Anwärter auf den 2. Dan-Aikido muß

- während der Vorbereitungszeit ab 1. Dan-Aikido mindestens für die Dauer von 12 Monaten als Assistent oder Übungsleiter in der Aikido-Anfängerausbildung tätig gewesen sein,

- alle Techniken für Aikido-Kyu-Grade sowie für den 1. Dan-Aikido gemäß POK-DAB bzw. POD-DAB entsprechend dem Niveau des angestrebten Grades sicher und dynamisch ausführen und
- eine ausgeprägte geistige Kraft (KI) und persönliche Ausstrahlung besitzen.

2.2 Besondere Anforderungen

2.2.1 Überprüfung
des relevanten Programms für Aikido-Kyu- und -Dan-Grade.

2.2.2 Lehre und Technik des Aikido
Der Anwärter muß ein von der Prüfungskommission bestimmtes Thema, das sich auf Zusammenhänge zwischen (körperlicher) Technik und (geistiger) Lehre des Aikido bezieht, mündlich erläutern.

Für Anwärter mit gültiger Übungsleiter-Fachlizenz-Aikido ist diese Forderung erfüllt; sie wird von allen Prüfern mit je 6 Punkten bewertet.

2.2.3 Aiki-no-Kata
Form der Aikido-Bodentechniken (Katame-Waza) im Kniesitz.

2.2.4 Hanmi-hantachi (für Nage aus Za-ho)

Shiho-Nage	gegen	Katate-tori
" "	"	Ryote-tori
Kaiten-Nage (uchi)	gegen	Katate-tori
Kaiten-Nage (soto)	gegen	Katate-tori
Tenchi-Nage	gegen	Ryote-tori
Sumi-Otoshi	gegen	Katate-tori
Ude-kime-Nage	gegen	Katate-tori
Ude-osae (ikkyo)	gegen	Katate-tori

2.2.5 Aiki-Jo-Jitsu
5 - Grundprinzipien zur Anwendung des langen Stockes
7 - Grundtechniken zur Abwehr von Angriffen mit dem langen Stock

2.2.6 Trainingslehre
Der Anwärter muß sichere Kenntnisse im Ausbildungsgebiet Trainingslehre gemäß ÜLO-DAB (Themen 7.4, 7.5, 7.7 und 7.9) im mündlichen Vortrag bzw. in einer Lehrprobe nachweisen.

Für Anwärter mit gültiger Übungsleiter-Fachlizenz-Aikido ist diese Forderung erfüllt; sie wird von allen Prüfern mit je 6 Punkten bewertet.

2.2.7 Yiu-Waza
Freies Angreifen eines unbewaffneten Gegners (Kakari-Geiko).

3 3. Dan-Aikido (schwarzer Hakama)

3.1 Zulassungsvoraussetzungen / Allgemeine Anforderungen

Der Anwärter auf den 3. Dan muß

- während der Vorbereitungszeit mindestens für die Dauer von zwei Jahren als verantwortlicher Übungsleiter in der Aikido-Ausbildung tätig gewesen und
- im Besitz der Übungsleiter-Fachlizenz-Aikido sein,
- alle Techniken für Aikido-Kyu-Grade sowie für den 1. und 2. Dan-Aikido gemäß POK-DAB bzw. POD-DAB entsprechend dem Niveau des angestrebten Grades sicher, dynamisch und harmonisch ausführen und
- mit den geistigen Prinzipien des klassischen Aikido vertraut sein und diese über die Technik hinaus anwenden.

3.2 Besondere Anforderungen

3.2.1 Überprüfung
des relevanten Programms für Aikido-Kyu- und -Dan-Grade.

3.2.2 Aiki-no-Kata
Form der Aikido-Standtechniken (Nage-Waza).

3.2.3 Hanmi-hantachi (für Nage aus Za-ho)

Shiho-Nage	gegen	Yokomen-uchi
Irimi-Nage	gegen	Yokomen-uchi
" "	"	Shomen-uchi
Kote-Gaeshi	gegen	Shomen-uchi
" "	"	Shomen-tsuki
Kokyu-Nage-kote-hineri	gegen	Shomen-uchi
Kote-hineri	gegen	Shomen-uchi
Kote-mawashi	gegen	Shomen-tsuki

3.2.4 Aiki-Tanken-Jitsu
12 Grundtechniken zur Abwehr unterschiedlicher Angriffe mit dem Messer (Dolch).

3.2.5 Yiu-Waza
Freies Angreifen zweier unbewaffneter Gegner (Ju-no-Geiko).

4 4. Dan-Aikido (schwarzer Hakama)

4.1 Zulassungsvoraussetzungen / Allgemeine Anforderungen

Der Anwärter auf den 4. Dan muß

- während der Vorbereitungszeit mindestens für die Dauer von drei Jahren als verantwortlicher Übungsleiter in der Aikido-Ausbildung tätig gewesen und
- im Besitz der Übungsleiter-Fachlizenz-Aikido sein,
- alle Techniken für Aikido-Kyu-Grade und für den 1. bis 3. Dan-Aikido gemäß POK-DAB bzw. POD-DAB entsprechend dem Niveau des angestrebten Grades automatisiert, fehlerfrei und harmonisch ausführen,
- die geistigen Prinzipien des klassischen Aikido als Wertordnung anerkennen und sich für ihre Verbreitung einsetzen und
- ausgeprägte positive Persönlichkeitsmerkmale und tadelsfreie Charaktereigenschaften besitzen.

4.2 Besondere Anforderungen

4.2.1 Überprüfung

des relevanten Programms für Aikido-Kyu- und -Dan-Grade.

4.2.2 Aiki-no-Kata

Form der Abwehr bewaffneter Angreifer.

4.2.3 Klassische Verkettungen

Yokomen-uchi	-	Shiho-Nage / Shiho-Nage	(gR/gT)
Shomen-tsuki	-	Kote-Gaeshi / Kote-Gaeshi	(wR/gT)
Shomen-uchi	-	Ude-osae / Ude-osae	(wR/gT)
Yokomen-uchi	-	Shiho-Nage / Kote-Gaeshi	(gR/wT)
Shomen-tsuki	-	Kote-Gaeshi / Irimi-Nage	(wR/wT)
Shomen-uchi	-	Kote-Gaeshi / Ude-kime-osae	(wR/wT)
Shomen-tsuki	-	Kote-mawashi / Kote-hineri	(wR/wT)

4.2.4 Aiki-Ken-Jitsu

7 Grundtechniken zur Abwehr unterschiedlicher Angriffe mit dem Bokken (Katana).

4.2.5 Yiu-Waza

Freies Angreifen zweier unbewaffneter Gegner (Kakari-Geiko).

5 5. Dan-Aikido (schwarzer Hakama)

5.1 Zulassungsvoraussetzungen / Allgemeine Anforderungen

Der Anwärter auf den 5. Dan muß

- während der Vorbereitungszeit mindestens für die Dauer von vier Jahren als verantwortlicher Übungsleiter in der Aikido-Ausbildung tätig gewesen und
- im Besitz der Übungsleiter-Fachlizenz-Aikido sein,
- alle Techniken für Aikido-Kyu-Grade und für den 1. bis 4. Dan-Aikido gemäß POK-DAB bzw. POD-DAB dem Niveau des angestrebten Grades entsprechend mit höchster Präzision und Dynamik aber möglichst geringer Eigenenergie harmonisch ausführen,
- die geistigen Prinzipien des Aikido in hohem Maße verinnerlicht haben und sich mit ihnen identifizieren und
- nach Charakter, Haltung und Leistung ein Vorbild für die Aikidoka sein.

5.2 Besondere Anforderungen

5.2.1 Schriftliche Hausarbeit
Der Anwärter muß ein frei gewähltes komplexes Thema, das die geistigen, erzieherischen oder technischen Grundlagen des Aikido betrifft, in schriftlicher Form behandeln.

5.2.2 Überprüfung
des relevanten Programms für Aikido-Kyu- und -Dan-Grade.

5.2.3 Aiki-no-Kata
Form der Aikido-Elemente und Prinzipien.

5.2.4 Freie Verkettungen

Katate-tori	-	Kote-Gaeshi / Kote-Gaeshi	(gR/gT)
Ushiro-ryote-tori	-	Koshi-Nage-kote-hineri / Koshi-Nage-kote-hineri	(gR/gT)
Shomen-uchi	-	Ude-osae / Ude-osae (Tenkan)	(gR/gT)
Ushiro-ryote-tori	-	Irimi-Nage / Irimi-Nage	(wR/gT)
Shomen-uchi	-	Kaiten-Nage (uchi) / Kaiten-Nage (uchi)	(wR/gT)
Yokomen-uchi	-	Shiho-Nage / Shiho-Nage	(wR/gT)
Katate-tori	-	Kaiten-Nage (uchi) / Irimi-Nage	(gR/wT)

Ushiro-ryote-tori	-	Shiho-Nage / Ude-kime-Nage	(gR/wT)
Shomen-tsuki	-	Kote-mawashi / Tekubi-osae	(gR/wT)
Mune-tori	-	Kote-mawashi / Kote-hineri	(gR/wT)
Yokomen-uchi	-	Shiho-Nage / Irimi-Nage	(wR/wT)
Ushiro-ryote-tori	-	Irimi-Nage / Ude-osae (Tenkan)	(wR/wT)

5.2.5 Aiki-Bu-Jitsu
7 Grundtechniken zum Führen eines bewaffneten Angreifers mit dem Stab (Bo), Messer (Tanto) oder Schwert (Katana).

5.2.6 Morote-Waza
8 Grundtechniken zur Verteidigung gegen zwei gleichzeitige Angriffe (Katate-Ryote-tori) und zwar Shiho-Nage, Irimi-Nage, Kote-Gaeshi, Ude-kime-Nage, Juji-Garami, Kokyu-Nage, Ude-osae und Kote-mawashi.

5.2.7 Yiu-Waza
Freies Angreifen dreier unbewaffneter Gegner (Kakari-Geiko)

Aikido-Weisheiten

(Zitate berühmter Aikido- und Kampfsport-Meister, Dichter und Denker)

»Die kriegerischen Budo-Künste werden nicht als Mittel zur brutalen Kraftentfaltung betrachtet, um einen Gegner niederzuschlagen, noch mit tödlichen Waffen verglichen, um die Welt ins Verderben zu führen. Deshalb hat das Training von Kampfkünsten nicht in erster Linie das Ziel andere zu besiegen, sondern Gottes Liebe in uns selbst zu praktizieren.«

Morihei Ueshiba, Begründer des Aikido

»AIKIDO ist eine dynamische Form der Meditation zur Regeneration aller geistig-seelischen und körperlichen Kräfte!«

Rolf Brand, 6. Dan-Aikido

»Stärke durch Bindung in Freiheit.«

Wahlspruch des Deutschen Aikido-Bundes e. V.

»Durch Freundschaft zur Stärke.«

Wahlspruch der Union Européenne d'Aikido

»Wer den Bösen mit Haß bekämpft, ist ein Diener des Bösen,
denn er fördert die Gewalt;
wer dem Bösen mit Liebe begegnet, ist ein Heiliger,
denn der mindert die Gewalt;
wer dem Bösen ausweicht, ist ein Feigling,
denn er beugt sich der Gewalt;
wer den Bösen in Demut erduldet, ist ein Narr,
denn er opfert sich der Gewalt;
wer die Bösen zusammenführt, ist ein Weiser,
denn er beseitigt die Gewalt!«

Rolf Brand, 6. Dan-Aikido

»Was dem Japaner seelische Überlegenheit gibt, ist, daß er psychisch etwas geschehen lassen kann, ohne sich selbst dabei zu irritieren. Es ist das Tun im Nichtstun, das geheimnisvolle Lächeln in der größten Gefahr, etwas, was uns sicherlich anzieht, uns selbst aber versagt bleibt, weil wir nicht an seine Götter glauben und mit ihnen bestenfalls einen intellektuellen Flirt aufführen.«

Alfred Dietze, Psychologe

✧

»Der tapfere Soldat ist nicht gewalttätig;
der gute Kämpfer wird nicht zornig;
der große Eroberer kämpft nicht um Kleinigkeiten.«

Laotse

✧

»Die Künste des DO sind die Künste des Weges.
Sie dienen dem Studium des Weges
und führen über körperliche Übung zu geistiger Reife.«

✧

»Wer im Aikido nur ein wirksames System der Selbstverteidigung sieht,
wird der Wahrheit nicht gerecht;
es handelt sich vielmehr um einen Weg menschlicher Vervollkommnung!«

André Nocquet, 8. Dan-Aikido

✧

»Der weiche Gang geschmeidig starker Schritte,
der sich im allerkleinsten Kreise dreht,
ist wie ein Tanz von Kraft um eine Mitte,
in der gespannt ein großer Wille steht.«

Rainer Maria Rilke

Zitate von Rolf Brand

6. Dan-Aikido

»**Die Elemente** sind Bausteine der Techniken;
die Techniken sind Bausteine der Prinzipien;
die Prinzipien sind Bausteine des Aikido;
das Aikido ist ein Baustein zur menschlichen Vervollkommnung.
Kehre ständig zum Ursprung zurück;
Verwechsle nie den Weg und das Ziel!«

✧

Ma-ai (harmonische Distanz):
»Die natürliche Harmonie
ist sehr wesentlich dadurch begründet,
daß jedes Wesen oder Ding,
in Raum und Zeit seinen festen Platz hat!«

✧

Sabaki (Formen der Bewegung):
»Gäbe es die Bewegung nicht,
würde das Universum in sich zusammenstürzen.
Bewegung ist aber nicht nur ein 'göttlicher Baustein der Welt',
sondern auch eine wesentliche Ausdrucksform
des Lebens und ein Symbol der Freiheit.
Man sollte daher jeden Tag ein Stück auf dem Weg voranschreiten.«

✧

Aikido-Prinzipien (Irimi und Tenkan):
»Jeder Mensch ist stark,
wenn er im rechten Augenblick
und am günstigsten Ort
das ergänzende Prinzip anwendet;
seine Gegner stürzen durch die eigene Kraft!«

Literaturhinweise

Bibliographie

Während der viele Monate dauernden Arbeit an diesem Aikido-Fachwort-Lexikon habe ich mehr als 40 verschiedene Aikido-, Martial-Arts- und Sprach-Fachbücher aus dem In- und Ausland und auch unzählige Kampfsport-Zeitschriften durchgearbeitet.
Dabei habe ich auch zum Teil auf meine eigenen Budo-Lexika zurückgegriffen und auf japanische Judo-Magazine, die mehr als 40 Jahre alt sind. Die Fachbegriffe, d.h. die Terminologie hat sich jedoch bis heute nicht geändert.
Ein Teil der ausgewerteten Fachliteratur soll nachfolgend kurz aufgezählt werden:

Aikido. Lehren und Techniken des harmonischen Weges. Von Rolf Brand. Falken-Verlag, Niedernhausen, 1991.

Das kleine Aikido-Lexikon. Von Rudolf Schneider. Verlag Gabriele Kirsch, Forchheim, 1992.

Aikido. Die Kampfkunst ohne Gewalt. Von André Protin. Kösel-Verlag, München, 1991.

Ki im täglichen Leben. Von Koichi Tohei. Kristkeitz-Verlag, Leimen, 1979.

Das Ki-Buch. Von Koichi Tohei. Kristkeitz-Verlag, Leimen, 1989.

Aikido und der neue Krieger. Von Richard S. Heckler. Synthesis-Verlag, Essen, 1988.

Aikido. Dynamik und Harmonie. Von Heinz Patt. Hugendubel-Verlag, München, 1987.

Aikido. Das große Lehr- und Übungsbuch. Von Adriano Trevisan. Otto-Wilhelm-Barth-Verlag, München, 1991.

Judo-Fachwort-Lexikon. Von Herbert Velte. Sport-Buch-Verlag H. Velte, Wehrheim, 1985.

Budo-Lexikon. Von Herbert Velte. Sport-Buch-Verlag H. Velte, Wehrheim, 1974.

*

Deutsch-Japanischer Sprachführer. Von Herbert Zachert. Verlag Otto Harrassowitz, Wiesbaden, 1979.

Kleines Wörterbuch zum Verständnis asiatischer Weltanschauung. Otto-Wilhelm-Barth-Verlag, München, 1966.

Kleines Wörterbuch der Japanologie. Von Bruno Lewin. Verlag Otto Harrassowitz, Wiesbaden, 1968.

Wörterbuch der deutschen und japanischen Sprache. Sansyusya-Publishing Co., Tokyo, 1981.

Deutsch-Japanisches Wörterbuch. Verlag Enderle, Tokyo, 1984.

Lexikon der östlichen Weisheitslehren. Otto-Wilhelm-Barth-Verlag, München, 1986.

Zen, Japan und der Westen. Paul-List-Verlag, München, 1961.

Monographien zur Weltgeschichte, Band XXVII: Staat und Kultur der Japaner. Verlag von Velhagen & Klasing, Leipzig, 1907.

*

The Aiki-News-Encyclopedia of Aikido. Von Stanley A. Pranin. Aiki News, Tokyo, 1991.

Aikido. Tradition and New Tomiki Free-Fighting-Method. Von Nobuyoshi Higashi. Unique Publications, Burbank, USA, 1989.

Keijutsukai Aikido. Von Thomas H. Makiyama. Ohara Publications, Burbank, USA, 1983.

Traditional Aikido. Sword, Stick and Body-Arts. Von Morihiro Saito, 8. Dan. Bände 1 - 5. Japan Publications Trading Comp., Elmsford, N.Y., USA, 1989.

The Essence of Aikido. Von Bill Sosa und Bryan Robbins. Unique Publications, Burbank, USA, 1987.

Tomiki Aikido. Book 1: Randori. Von Lee Ah Loi. Paladin-Press, Boulder, Colorado, USA, 1978.

Abundant Peace. The Biography of Morihei Ueshiba. Von John Stevens. Shambhala Publications, Boston, USA, 1987.

Aikido and the Dynamic Sphere. Von A. Westbrock und O. Ratti. Charles E. Tuttle, Tokyo, 1970.

Aikido. Its Heart and Appearance. Von Morihiro Saito. Minato Research, Tokyo, 1975.

The Spirit of Aikido. Von Kisshomaru Ueshiba. Kodansha International, Tokyo, 1984.

Aikido complete. Von Yoshimitsu Yamada. Carol Publishing Group, New York, USA, 1969.

O Sensei Morihei Uyeshiba. Présence et Message. Von André Nocquet. Selbstverlag, Paris, 1975. - Deutsche Fassung: **Der Weg des Aiki-Do.** Kristkeitz-Verlag, Leimen.

Le Coeur Epée. Von André Nocquet. Selbstverlag, Paris, 1991.

The Overlook Martial Arts Dictionary. Von Emil Farkas und John Corcoran. The Overlook Press, New York, USA, 1983.

Martial Arts. Traditions, History, People. Von Emil Farkas und John Corcoran. Gallery Books, New York, USA, 1983.

... und andere.

Etwas über den Autor

Herbert Velte, der Autor dieses Fachbuches, beschäftigt sich seit 40 Jahren mit dem Budosport. Er begann mit dem Judo 1953 und legte die Prüfung zum 2. Dangrad 1960 bei Kokichi Nagaoka ab.

Während seiner kämpferischen Laufbahn war Herbert Velte mehrmals Hessischer Judo-Einzelmeister und einmal Deutscher Vizemeister. Ab 1961 arbeitete er als hauptberuflicher Redakteur des Fachorgans »JUDO«, danach als Schriftleiter für das »Internationale Judo- und Karate-Journal« in Lübeck.

Nicht nur viele Fachartikel in Budo-Zeitschriften, sondern auch eigene Publikationen wie »Budo-Lexikon«, »Budo-Weisheiten«, »Judo-Fachwort-Lexikon« usw. über die Themen Judo, Karate und Taekwon-Do etc. machten ihn in Fachkreisen bekannt.

1973 gründete Herbert Velte die Budo-Artikel-Vertriebs-GmbH und 1982 den Sport-Buch-Verlag H. Velte für asiatische Kampfsport-Fach-Literatur.